楽しい！

かんたん！

紙皿 ＆ 紙コップ の

わくわくシアター

小沢かづと 著

ナツメ社

もくじ

本書の楽しみ方 ………… 4

ページの見方と使い方 ……… 6

コピー用型紙 ………… 81

日常あそびで

紙皿	お届けものでーす!	8
紙皿	ルーレット屋さん	11
紙皿	はっけよーい	14
紙コップ	まほうのレストラン	18
紙コップ	つるをひいたら…?	22
プラカップ	ツレーツレー	25
紙コップ	くまのくいしんぼう	28
紙コップ	へんしんおばけのかくれんぼ	31
プラカップ	クルリスマス	34
紙皿＋紙コップ	まっくろ「は」恐竜トリケラくん	37
紙皿＋紙コップ	わたしを宇宙につれてって	40

クイズ

紙皿	だれかな? だれかな?		42
紙皿	よくみてあてて		44
紙皿	だれだ? なんだ? どこだ? クイズ		47
紙コップ	クイズ! なにかが!? クイズ!		50

お話

紙皿	おにぎりころころ		53
紙皿	ももたろうの冒険		55
紙コップ	3びきのこぶたとはらぺこオオカミ		58
紙皿＋紙コップ	かぐやひめの恩返し		62
紙皿＋紙コップ	おおきなかぶ		65

※プラカップ＝プラスチックカップ

歌を使って

紙皿＋紙コップ	かたつむり 〜わたしのおうち〜	69
紙皿	おさかなバス	71
紙皿	なにかをみつけた	73
紙コップ	どんぐりころころ	76
紙コップ	まほうのたね	78

本書で使用している
紙皿、紙コップ、プラスチックカップのサイズについて
（100円ショップで購入できます。）

紙皿	紙コップ	プラスチックカップ

直径20cm

容量 205mL

容量 275mL

本書の楽しみ方

しかけがいっぱいの シアター25本 を紹介!

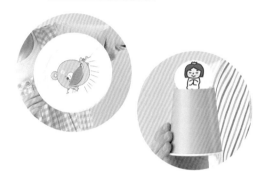

切りこみを入れた紙皿を少しずつ回しながら演じる、紙皿を上下に返す、紙コップの底にペットボトルのふたをかませるなど、紙皿・紙コップの形を生かしたユニークなシアター25本が楽しめます。

小沢かづと先生直伝! 演じ方のコツ が動画で見られる

紙皿の基本的の回し方、マジックらしい見せ方、子どもを引き付ける演じ方のテンポといった、「演じ方のコツ」を動画で確認できます。

子どもとのやり取り が 盛り上がる

おいもが出てきた!

いっしょにセリフを言ったり、保育者の質問やクイズに答えたりするシアターが盛り込まれています。子どもとのやり取りを楽しみながら演じましょう。

コピー用型紙を掲載。 型紙とカラーイラスト も ダウンロードできる

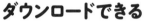

81ページからは、コピー用の型紙を掲載。記載の倍率でコピーをすると、本書で使用したものと同サイズになります。また、ナツメ社のウェブサイトから、原寸の型紙とカラーイラストのPDFデータがダウンロードできます。

ページの見方と使い方

そのシアターで使う紙皿、紙コップなどが一目でわかるよう、マークを入れています。

「日常あそびで」「クイズ」「お話」「歌を使って」の4つのカテゴリーを紹介しています。

型紙　82ページ　コピー用型紙のページ数です。

PDF　P08_otodoke　ダウンロードできるPDFのファイル名です。

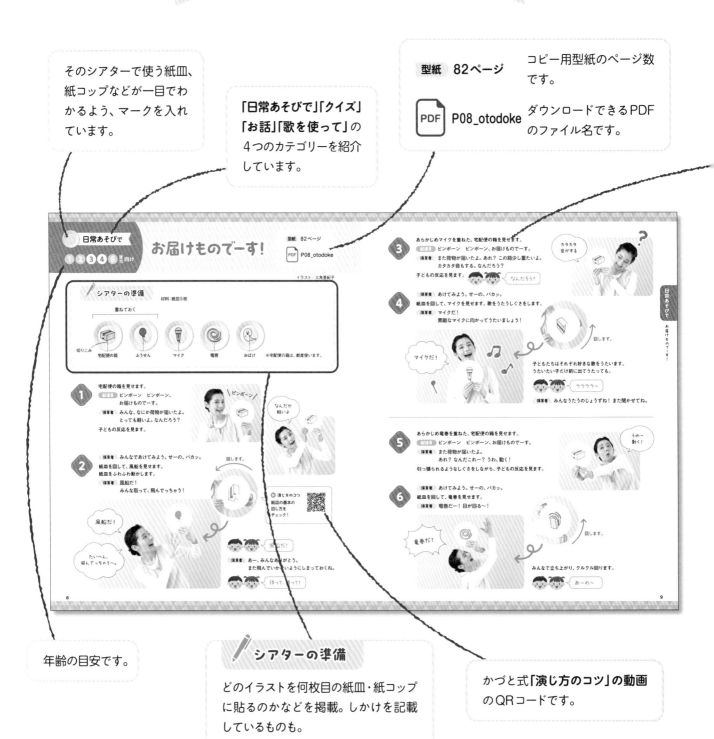

年齢の目安です。

✏ シアターの準備

どのイラストを何枚目の紙皿・紙コップに貼るのかなどを掲載。しかけを記載しているものも。

かづと式「演じ方のコツ」の動画のQRコードです。

動き方

演じているときの動作、紙皿や紙コップなどを動かすタイミングを説明しています。

ナレーション

シアターの流れを伝えます。声に強弱や抑揚をつけたりしながら演じましょう。

セリフ

各登場人物のセリフを色分けし、一目でわかるようになっています。

型紙のダウンロードについて

型紙とカラーイラストのPDFデータは、ナツメ社ウェブサイト内、書籍紹介ページからダウンロードできます。
https://www.natsume.co.jp/

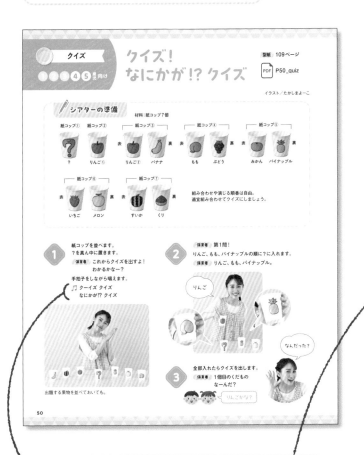

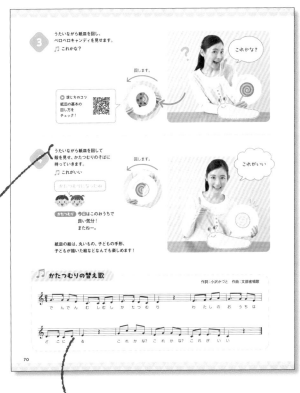

楽譜のない「クイズ」では掛け声や呪文、楽譜のある「歌を使って」では歌の歌詞を示しています。

「歌を使って」のカテゴリーには、メロディ譜をつけています。

お届けものでーす！

型紙 82ページ

 PDF P08_otodoke

イラスト／三角亜紀子

✏ シアターの準備

材料：紙皿5枚

重ねておく

切りこみ　宅配便の箱

ふうせん

マイク

竜巻

おばけ

※宅配便の箱は、都度使います。

---

1 宅配便の箱を見せます。

配達員　ピンポーン　ピンポーン、
お届けものでーす。

保育者　みんな、なにか荷物が届いたよ。
とっても軽いよ。なんだろう？

子どもの反応を見ます。

ピンポーン

なんだか軽いよ

---

2 保育者　みんなであけてみよう。せーの、パカッ。

紙皿を回して、風船を見せます。
紙皿をふわふわ動かします。

保育者　風船だ！
みんな取って、飛んでっちゃう！

回します。

▶ 演じ方のコツ
紙皿の基本の
回し方を
チェック！

風船だ！

たいへん、
飛んでっちゃう〜。

 風船だ！

保育者　あー、みんなありがとう。
また飛んでいかないようにしまっておくね。

 待って、待って！

3 あらかじめマイクを重ねた、宅配便の箱を見せます。

カタカタ
音がする

配達員 ピンポーン　ピンポーン、お届けものでーす。

保育者 また荷物が届いたよ。あれ？ この箱少し重たいよ。
カタカタ音もする。なんだろう？

子どもの反応を見ます。　　なんだろう？

4 保育者 あけてみよう。せーの、パカッ。

紙皿を回して、マイクを見せます。歌をうたうしぐさをします。

保育者 マイクだ！
素敵なマイクに向かってうたいましょう！

マイクだ！

回します。

子どもたちはそれぞれ好きな歌をうたいます。
うたいたい子だけ前に出てうたっても。

　ララララ〜

保育者 みんなうたうのじょうずね！ また聞かせてね。

---

5 あらかじめ竜巻を重ねた、宅配便の箱を見せます。

うわー
動く！

配達員 ピンポーン　ピンポーン、お届けものでーす。

保育者 また荷物が届いたよ。
あれ？ なんだこれー？ うわ、動く！

引っ張られるようなしぐさをしながら、子どもの反応を見ます。

6 保育者 あけてみよう。せーの、パカッ。

紙皿を回して、竜巻を見せます。

保育者 竜巻だー！ 目が回る〜！

竜巻だ！

回します。

みんなで立ち上がり、クルクル回ります。

　あ〜れ〜

日常あそびで

お届けものでーす！

9

クルクル回りながら紙皿も回すしぐさをします。

保育者 あぶない、あぶない！早くしまわなくちゃ！

もう一度箱を見せます。

保育者 ふぅー。あぶなかった、
どこかに飛ばされちゃうところだったね。

よかった

早く
しまわなくちゃ～！

あらかじめおばけを重ねた、宅配便の箱を見せます。

配達員 ピンポーン　ピンポーン、お届けものでーす。

保育者 今度はなんの荷物かな。
あれ？軽い。ふっても音がしないよ。
なにも入ってなかったりして。

子どもの反応を見ます。

からっぽ？

なにも
入ってない？

保育者 あけてみよう。せーの、パカッ。

紙皿を回しておばけを見せます。

保育者 おばけだ～！キャー！
みんな、かくれて！

みんなで顔をかくします。

なにかいるよ

もう安心

おばけだ～！

保育者 ふぅ。もう大丈夫。
どこかへ行ってしまったみたい。

箱の紙皿を（回さなくてOK）見せます。

ルーレット屋さん

型紙 84ページ

 PDF P11_roulette

イラスト／あくざわめぐみ

 シアターの準備

材料：紙皿5枚、付箋、ペン

重ねておく

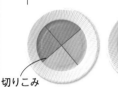
切りこみ
 ルーレット

 りんご

 かたつむり

 ぶどう

 おばけ

付箋に矢印を
書いておく

※ルーレットは、都度使います。

1

矢印を鼻につけ、ルーレットを見せます。

保育者 いらっしゃい　いらっしゃい
ルーレット屋さんだよ。
ルールはかんたん！
"スタート"と言えば、ルーレットが回り
"ストップ"と言えば止まる。
この矢印に止まったところの扉がひらく。
後ろに隠れているものを当てる遊びだよ。

ルーレット屋さん
だよ

2

保育者 さっそく遊んでみよう！ せーの、スタート！

子どもの様子を見ながら、紙皿を回します。

保育者 クルクルクルクル、クルクル…。
いいところでストップって言ってね。

 クルクルクルクル

スタート！

→

クルクル
クルクル

11

3 子どもの様子をみて、ストップをかけます。

保育者 せーの、ストップ！
チ、チ、チ、チーン。

 ストップ！

回すスピードをだんだんゆっくりにします。

回すのを止めます。

 4 矢印に止まった箇所をめくります。

保育者 これなに？ なにか見えたね。わかるかな？
子どもの反応を待ちます。

 赤い風船？

これなに？

5 1箇所を開けたまま、**2**と同じようにスタートし、
ルーレットを回します。

保育者 クルクルクルクル…せーの、ストップ！
チ、チ、チ、チーン。

 ストップ！

子どもの反応を見てから、全部を開けます。

 チ、チ、チ、チーン

回すスピードを
だんだんゆっくりにし、
回すのを止めます。

オープン

保育者 今度はここだね。
オープン！
わかったかな？

再び矢印に止まった箇所をめくります。

 りんご！

りんご
でした！

保育者 大正解！
かくれていたのはりんごでした！
おめでとう！

あらかじめ かたつむりを重ねた、ルーレットを見せます。

保育者 次はなにが出てくるかな？ せーの、スタート！

2 に戻り、**3** 〜 **5** の動作を繰り返します。

保育者 これなに？

矢印に止まった箇所をめくります。

保育者 わかったかな？

ドーナツ？

かたつむり でした！

再び矢印に止まった箇所をめくり、
子どもの反応を見てから、全部を開けます。

保育者 かたつむりでした！

 あらかじめ ぶどうを重ねた、ルーレットを見せます。

保育者 次はなにが出てくるかな？ せーの、スタート！

2 に戻り、**3** 〜 **5** の動作を繰り返します。

保育者 これなに？

矢印に止まった箇所をめくります。

保育者 そろそろわかった？

ぶどうだ！

ぶどう でした！

再び矢印に止まった箇所をめくり、
子どもの反応を見てから、全部を開けます。

保育者 正解！　ぶどうでした！

 あらかじめ おばけを重ねた、ルーレットを見せます。

保育者 次はなにが出てくるかな？　せーの、スタート！

2 に戻り、**3** 〜 **5** の動作を繰り返します。

保育者 これなに？

矢印に止まった箇所をめくります。

保育者 なにかなー？

わたあめ？

おばけ でした！

再び矢印に止まった箇所をめくり
子どもの反応を見てから、全部を開けます。

保育者 おばけでした〜！　また遊ぼうね！

はっけよーい

型紙 87ページ

 PDF P14_sumo

イラスト／中山愛夕美

✏ シアターの準備

材料：紙皿14枚、アルミホイル

重ねておく

切りこみ

すもうとり① すもうとり②

重ねておく

スプーン・フォーク① スプーン・フォーク②

重ねておく

赤おに① 赤おに②

重ねておく

ライオン① ライオン②

重ねておく

くま① くま②

重ねておく

ライオン・くま① ライオン・くま②

重ねておく

みんな 鏡

アルミホイルを
巻いてから切る

1 すもうとり①を見せます。

保育者 さあ、今日はいろんなおすもうで遊ぼう！
おすもうさんが　みあってみあって
はっけよーい…

 みあってみあって…

おすもうで
遊ぼう！

みあって
みあって

2 紙皿を回して、すもうとり②を見せます。

保育者 のこった！
みんなでつっぱりの
ポーズをしよう。せーの！
どすこい！ どすこーい！

子どもといっしょにつっぱりのポーズをします。

どすこい！ どすこーい！

回します。

▶ 演じ方のコツ
紙皿の基本の
回し方を
チェック！

どすこい！
どすこーい！

---

3 紙皿を回して、スプーン・フォーク①を見せます。

保育者 スプーンさんとフォークさんが
みあって みあって
はっけよーい…

みあってみあって…

回します。

はっけよーい

曲がった！

4 紙皿を回して、
スプーン・フォーク②を見せます。

保育者 （「のこった」の口調で）曲がった！
みんなで体を曲げましょう。
せーの！ 曲がった！

子どもといっしょに体を曲げます。

曲がった！

こっちにも
曲がった！

紙皿を回して、赤おに①を見せます。

保育者 赤おにさんが
みあってみあって
はっけよーい…

紙皿を回して、赤おに②を見せます。

保育者 （「のこった」の口調で）痛がった！
あ、豆が飛んでくる！ 体に当たると痛いよ。
せーの！ いたっいたっ！痛い！

子どもといっしょに痛がります。

 痛い痛い！

みあって
みあって…

痛い痛い！

回します。

紙皿を回して、ライオン①を見せます。

保育者 ライオンさんが
みあってみあって
はっけよーい

紙皿を回して、ライオン②を見せます。

保育者 （「のこった」の口調で）怒った！
みんなで怒るよ。せーの！
ガオーッ！

子どもといっしょに怒ったポーズをします。

 ガオー！

次は
なにかな…？

ガオーッ！

回します。

紙皿を回して、くま①を見せます。

保育者 くまさんが
みあってみあって
はっけーよい

紙皿を回して、くま②を見せます。

保育者 （「のこった」の口調で）さけんだ！
みんなで叫ぼう！
せーの、わぁーーーーー！

叫び方は自由。適当なところでストップをかけます。

 わぁーーーーー！

今度はどんな
ポーズかな？

わぁーーー！

回します。

11 紙皿を回して、ライオン・くま①を見せます。

保育者 ライオンさんとくまさん、
けんかしたみたい。
みあってみあって
はっけよーい…

けんかは
やめて…

12 紙皿を回して、ライオン・くま②を見せます。

保育者 （「のこった」の口調で）あやまった！
みんなであやまるよ。
せーの！ ごめんなさーい。

子どもといっしょに
「ごめんなさい」と言います。

回します。

ごめんなさーい

 ごめんなさい

13 紙皿を回して、みんなを見せます。

保育者 みんないっしょに
みあってみあって
はっけよーい

みあって
みあって

回します。

14 紙皿を回して、鏡を見せます。

保育者 （「のこった」の口調で）笑った！
わはははは！
鏡だよ、
みんなはどんな顔をしてるかな？

子ども一人ひとりを映すように、
鏡を前に出しましょう。

 わはははは！

保育者 今日も1日楽しかったね（楽しもう）！

みんな笑顔で
うつっているかな？

わはははは！

17

まほうのレストラン

型紙 93ページ

PDF P18_restaurant

イラスト／三角亜紀子

シアターの準備

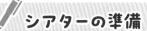

材料：紙コップ8個、包装紙2枚（同じサイズの同じ紙）、白いビニールテープ

重ねておく
飲み物① → 飲み物②

重ねておく
サラダ① → サラダ②

重ねておく
肉① → 肉②

重ねておく
デザート① → デザート②

※2枚は同サイズの同じ紙を用意（60cm×40cm程度）

まほうの包み紙①
何も貼らない

まほうの包み紙②
表にプレゼントを貼る

白いビニールテープを貼り合わせる

切りこみ
各紙コップ①は
イラストと反対側に
切りこみを入れる

各紙コップ②は
イラストと
反対側にテープを
付ける

まほうの包み紙②は
紙コップで型を付けておく
※P21の動画参照

1

店員 みなさん、ようこそお越しくださいました。
ここは、ふつうのレストランではございません。
まほうのレストランです。
飲み物・サラダ・お肉にデザート。
最後にはプレゼントもご用意させていただきました。
どうぞお楽しみください。

2

飲み物①をテーブルに出します。
店員 まずは、飲み物ですね。
こちらをどうぞ。

なにも入ってないよ

ようこそ

ドリンクをどうぞ

3

店員 え？ なにも入っていないですって？
これは失礼いたしました。

まほうの包み紙①を空のグラスにかけます。

店員 いまお出ししますね。

カムカムヒア

呪文を唱えます。

店員 "ドリンクドリンクカムカムヒア"

4

まほうの包み紙①を外し、ジュースを見せます。

店員 こちら、当店自慢の
まほうのジュースでございます。

ジュースを
どうぞ

▶ 演じ方のコツ
包み紙と紙コップを
持ち上げるときの
コツをチェック！

5

サラダ①をテーブルに出します。

店員 次に、サラダですね。こちらをどうぞ。
え？ なにも入ってないですって？
またまた失礼いたしました。

空のボウルを見せます。

カムカムヒア

店員 少々お待ちを。

まほうの包み紙①を空の器にかけ、
呪文を唱えます。

店員 "サラダサラダカムカムヒア"

6

まほうの包み紙①を外し、
サラダを見せます。

店員 こちら、当店自慢の
まほうのサラダでございます。

召し上がれ

④の演じ方のコツと同様に演じます。

日常あそびで

まほうのレストラン

7 肉①をテーブルに出します。

（店員）いよいよメインディッシュのお肉です。
こちらをどうぞ。
みなさん、もうおわかりですね。

空の皿を見せます。

カムカムヒア

（店員）いまお出しします。

まほうの包み紙①を空の皿にかけます。
呪文を唱えます。

（店員）"ミートミートカムカムヒア"

8 まほうの包み紙①を外し、肉を見せます。

（店員）こちら、当店人気の
まほうのお肉でございます。

人気のお肉で
ございます

❹の演じ方のコツと
同様に演じます。

---

9 デザート①をテーブルに出します。

（店員）お待ちかねのデザートです。
あ、こちらも空ですね。

空の器を見せます。

カムカムヒア

（店員）いまお出しします。

まほうの包み紙①を空の器にかけ、
呪文を唱えます。

（店員）"デザートデザートカムカムヒア"

10 まほうの包み紙①を外し、
デザートを見せます。

（店員）こちら、当店人気の、
あまくておいしいまほうの
デザートでございます。

あまくて
おいしい

❹の演じ方のコツと
同様に演じます。

11 プレゼントを裏にして
コップの型を保ったまま
まほうの包み紙②を置きます。

店員 みなさん、
お楽しみいただけましたでしょうか？
最後に、当店にお越しくださったみなさんへ
お店からのプレゼントがございます。

プレゼントが
あります

えいっ！

パシン

 店員 よかったら、こちらをどうぞ！
えいっ！

 12 まほうの包み紙②のふくらみを
上からたたきます。

 平らになっちゃった！

▶ 演じ方のコツ
マジックらしい
見せ方を
チェック！

プレゼント
です

 13 まほうの包み紙②を開いて、表に返し、
プレゼントを見せます。

店員 プレゼントをお受け取りください。
またのお越しを、
お待ちしております。

21

つるをひいたら…?

イラスト／アキワシンヤ

✏ シアターの準備

材料：紙コップ8個、毛糸、セロハンテープ

重ねておく　おいも小　土①　葉

重ねておく　おいも大　土②

重ねておく　土④

重ねておく　ヘビ　土③

毛糸はセロハンテープでとめておく

葉は毛糸をはさんで、表裏で貼り合わせる

おいも特大　じゃばらに折りたたんで土④におさめる

 1

子どもから見て左から順に、
土①から土④まで並べておきます。

保育者 今日は良い天気！
みんなでお散歩に行きましょう。

保育者 あら？ こんな所に畑があるよ！
土①を持ち、つるを見せます。

保育者 みてみて！ これ。
なんのつるだろう？
ひっぱってみよう。

ひっぱってみよう

お散歩お散歩

こんなところに畑が！

2

土①のおいも小の毛糸を少しずつ引っ張ります。

♫ うんしょ　どこしょ　よいこらしょ

保育者 つるをひいたら…？

おいも小を取り出し、見せます。

保育者 わーい！　おいしそうな
　　　　おいもが掘れたね。

▶ 演じ方のコツ
つるを
引っ張るときの
演じ方をチェック

少しずつ

掘れた

うんしょ
どこしょ

おいもが出てきた！

3

土②を持ち、つるを見せます。

保育者 ここにもあるね。ひっぱってみよう。

土②のおいも大の毛糸を少しずつ引っ張ります。

♫ うんしょ　どこしょ　よいこらしょ

保育者 つるをひいたら…？

おいも大を取り出し、見せます。

保育者 おー！　ふっくらまんまるの
　　　　おいもが掘れたね。

さっきのより大きいね

少しずつ

うんしょ
どこしょ

大きいぞ

4

土③を持ち、つるを見せます。

保育者 今度はここのつるをひっぱってみよう！

土③のヘビの毛糸を少しずつ引っ張ります。

♫ うんしょ　どこしょ　よいこらしょ

保育者 ん？　ぬけないよ。
　　　　お願い！　みんなも手伝って。

なんでぬけないの？

土③のヘビの毛糸をもう一度少しずつ引っ張り上げます。

♫ うんしょ　どこしょ　よいこらしょ
　　つるをひいたら…？

あれ？
ぬけないぞ

5 ヘビの毛糸を引っ張り上げて、
ヘビを見せます。

保育者 うわぁ！ ヘビだ！

 びっくりした！

保育者 あー、びっくりした。
ヘビさん、土の中で
お昼寝していたのかな？

うわぁ！
ヘビだ！

6 土④を持ち、つるを見せます。

保育者 よし！ 今度は慎重に、
このつるをひっぱってみよう。

♫ うんしょ　どこしょ　よいこらしょ

保育者 あー、ここもなかなかぬけないよ。
またみんなも手伝って！

 ほんとにおいもかな？

♫ せーの、うんしょ　どこしょ　よいこらしょ

保育者 つるをひいたら…？

今度は
慎重にね！

少し出てきた

まだ出てくる

7 じゃばらを手でのばしながら
おいも特大の毛糸を引っ張り上げ、
おいもを少しずつ広げて見せます。

 うわー　まだ出てくる

保育者 うひゃ〜　長いおいもだね！

おいも特大を全部見せます。

保育者 見て見て
こーんなにながーいおいもが掘れた。
おいもがたくさん掘れたから、
今日はみんなで焼きいもパーティーだ！
いっぱい　おいしく　食べようね

うわ、
長いー！

ジャーン

日常あそびで

① ② ③ **④ ⑤** 歳児 向け

ツレーツレー

型紙 95ページ

PDF P25_fishing

イラスト／アキワシンヤ

✏ シアターの準備

材料：透明カップ5個

赤い魚を子どもたちに見えない
ように重ねておく

海

赤い魚

長い魚

表　　裏
小さい魚

釣り人

1 海を見せます。

釣るぞー！

保育者 これから海で魚釣り！
いっぱい釣るぞー。

赤い魚だ！

\ 釣れるかな？ /

2 海に赤い魚のコップをかぶせたまま、
赤い魚を回し、釣り人を見せます。
（釣り人）おっ！ 赤い魚がいるぞ。
さっそく釣りざおを投げ入れて…。
釣り人をかぶせ、海と赤い魚を回します。
（釣り人）それっ！ いまだ！
釣り人を持ち上げます。
（釣り人）あー、釣れなかった、失敗。
もう一度！ それっ！
再び釣り人をかぶせ、持ち上げます。
（釣り人）うーん。なかなか釣れないなー。
釣ろうとして釣れないくだりを繰り返します。
（釣り人）そうだ、みんなにも手伝ってもらおう！
魚が釣り糸のところにきたら、
拍手を1回して知らせてね！

あー、
失敗だ

③ 再び釣り人を赤い魚にかぶせ、海と赤い魚を回します。

釣り人 それじゃ、釣りざおを投げ入れて…。

 **パン！（手をたたく）**

釣り人 いまだ！

子どもの拍子に合わせて、
釣り人と赤い魚をいっしょに持ち上げます。

釣り人 釣れた釣れた！ きれいな赤色の魚。
みんなのおかげだよ。ありがとう。
この調子でどんどん釣るぞー！

---

④ 海に長い魚をかぶせ、長い魚を回します。釣り人を見せます。

釣り人 おっ！ 長い魚がいるぞ。
さっそく釣りざおを投げ入れて…。

釣り人を長い魚にかぶせます。

釣り人 それっ！ いまだ！

釣り人だけを持ち上げます。

釣り人 あー、釣れなかった。失敗失敗。
もう一度！ それっ！

子どもの様子を見ながら、このくだりを繰り返します。

失敗

釣り人 うーん。なかなか釣れないなー。
また、みんなに手伝ってもらおう！
魚が釣り糸のところにきたら、
この長い魚みたいに、
「わあー」って長くさけんで知らせてくれない？

⑤ 再び釣り人を長い魚にかぶせ、
海と長い魚を回します。

釣り人 それじゃ、
釣りざおを投げ入れて…。

釣り人と長い魚をいっしょに持ち上げます。

釣り人 おー、釣れた釣れた！
長ーい魚。
みんなのおかげ。ありがとう。
この調子でまだまだ釣るぞー！

6 海に小さい魚をかぶせて、小さい魚を回します。
釣り人を見せます。

> 釣り人 おっ！ 見て見て。
> 今度は小さい魚がたくさんいるぞ。
> ではさっそく釣りざおを投げ入れて…。

釣り人をかぶせ、海と小さい魚を回します。

> 釣り人 それっ！ いまだ！

釣り人をだけを持ち上げます。

> 釣り人 あー、釣れなかった。失敗失敗。
> もう一度！ それっ！

足を
バタバタして！

> 釣り人 うーん。なかなか釣れないなー。
> ねえ、みんな。
> 魚が釣り糸のところにきたら、
> 足をバタバタして知らせてくれない？

OK！

子どもの反応を見ます。

お魚いっぱい！

うーん、
釣れない

子どもの様子を見ながら、
このくだりを繰り返します。

---

7 再び釣り人を小さい魚の上にかぶせます。

> 釣り人 それじゃ、釣りざおを投げ入れて…。

子どもの様子を見ながら、
海と小さい魚を回します。

> 釣り人 いまだ！

いまだ！（バタバタ）

釣り人と小さい魚をいっしょに持ち上げます。

> 釣り人 おー、釣れた釣れた！
> 小さい魚がいっぱい釣れた！
> みんなのおかげだよ。ありがとう。
> もう一度！ それっ！

えいっ！

やった！
釣れた！

---

8 釣った魚をみんなに見せます。

> 釣り人 いやー、大漁！ 大漁！
> みんなまたいっしょに
> 釣りをしようねー！

大漁！
大漁！

くまのくいしんぼう

型紙 96ページ

PDF P28_kuishinbou

イラスト／ニシハマカオリ

✏ シアターの準備

材料：紙コップ5個、ペットボトルのキャップ6個

くま　ケーキ　コアラ　きりん　うさぎ

くまの中にケーキを
入れておく

それぞれのおかしを土台に
乗せたまま、中に入れておく

切りこみ

くまとケーキの底に
切りこみを入れる

ペットボトルのキャップを
おかしの土台にしてセットする

あめ　ドーナツ　プリン

おかしの
土台

1

くま、コアラ、きりん、うさぎを見せます。

保育者　今日はみんなでピクニック。
うきうき！わくわく！みんな出発しますよー。

誰が話しているかわかるように、セリフごとに口調を変え、動物を指します。

うさぎ　うれしすぎて、飛び跳ねちゃう！

きりん　首をなが一くしてこの日を待ってたよ。

コアラ　昨日の夜は、楽しみでなかなか眠れなかったよ。

くま　あー、おなかすいたぁ。

楽しみだね！

2

くま、コアラ、きりん、うさぎを見せます。

保育者　公園に到着！あそびに行く前に
荷物をここにおきましょう。

うさぎ　きりん　コアラ　くま　は一い。

うさぎを上げてプリンを見せます。

うさぎ　ねぇみんな、
おやつはなにを持ってきたの？

うさぎ　わたしはあま一いプリン！

きりんを上げて
ドーナツを見せます。

きりん
ぼくは、大好きな
レインボードーナツ。

コアラを上げて
キャンディを見せます。

コアラ
わたしは、キャンディを
いっぱい持ってきたよ。

くまを見せます。

くま
ぼくはね…。
あー、おなかすいたぁ。

3 **保育者** みんな、あっちに滑り台や
ブランコがあるよ。
あそびに行きましょう。

うさぎ **きりん** **コアラ**
わーい! 行こうー!

うさぎ、きりん、コアラを下げます。

あっちで
あそびましょう

4 くまを見せます。

くま おなかすいたぁ。ん? なんだかとっても
おいしそうなにおいがする。
だれもいないし、食べちゃおっと。

おいしそうな
におい!

---

5 くまを持ちます。

プリンにくまをかぶせます。

くま プリン、パクッ、
あーおいし。

ドーナツにくまをかぶせます。

くま ドーナツ、あむ。
まぁおいし。

キャンディにくまをかぶせます。

くま キャンディ、ペロッ。
ん〜あまーい。

 演じ方のコツ
キャップの取り方の
トリックを
チェック!

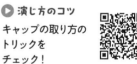 どんなしかけ?

6 うさぎ、きりん、コアラを再び登場させます。

うさぎ **きりん** **コアラ**
あー、楽しかったね!
いっぱいあそんだからおなかすいちゃった。

保育者 それじゃ、おやつにしましょう。

うさぎ あれ? わたしのプリンがなーい。

きりん あ! ぼくのレインボードーナツもない。

コアラ わたしのキャンディーもありません!

なーい!!

29

くまを持ちます。

くま あいたたたた、あいたたたた…。

うさぎ **きりん** **コアラ** くまくんどうしたの? 大丈夫?

くま おなかがいたいよ。実はおなかがすきすぎて、みんなのおやつ食べちゃったんだ。

うさぎ **きりん** **コアラ** えー!? 全部食べちゃったの? 楽しみにしていたのに…。

くま ごめんよ。

> 食べすぎたかな?

> いたい いたい!

> 大丈夫?

くま そうだ。よかったらぼくのおやつを食べない?

くまからケーキを抜いて、見せます。

うさぎ **きりん** **コアラ** うわーすごく大きなケーキ！ ありがとう。おいしい！

みんなで食べるまねをします。

> ケーキが あるの

> あまくて おいしい!

> また 行こうね!

保育者 いろいろあったけど、 またみんなでピクニックに行こうね。

へんしんおばけの かくれんぼ

型紙 97ページ

 PDF P31_henshin

イラスト／あくざわめぐみ

 シアターの準備

材料：紙コップ8こ

縁（ふち）を切っておく

表 　　バケタくん 　　裏　　　バケコちゃん①　バケコちゃん②　　表　　トマト　　トマトちゃん　裏　　トウモロコシちゃん

赤
トマトちゃんを前にして入れておく

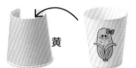
黄
トウモロコシちゃんを前にして入れておく

緑
バケコちゃん②を前にして入れておく

赤・黄・緑は
底を切りぬき、
色紙を貼ってから
縦に切る

---

1 赤・黄・緑の紙コップを並べ、バケコちゃん①を見せます。
続けて、バケタくんを表にして登場させます。

（バケタくん） おはよう！バケコちゃん、
今日はなにをしてあそぼっか？

（バケコちゃん） おはよう！
今日はかくれんぼをしてあそびたいな。
私がかくれるから、バケタくんが見つけてね。

（バケタくん） オッケー！じゃあ10数えるから、
その間にかくれてね。

バケコちゃん①を置き、
バケタくんを裏にして10まで数えます。

（バケタくん） 1、2、3、4、5…

あそぼー！

1、2、3、4…

1から10まで子どもと
いっしょに数えます。

1、2、3、4…

バケコちゃん①を赤に入れます。

バケコちゃん 絶対に見つからないわ！
バケコかくれるの、得意なの！
ここにかくれよっうと。

ここにかくれようっと！

バケタくんを表に戻します。

バケタくん （10まで数えてから）よーし探すぞ！
どこかな、どこかな？ ここかな？えい！

順番に上げます。

 →  →

緑とバケコちゃん②を
いっしょに上げます。

バケタくん
あれ？ いない おかしいなー。
バケコちゃんどこに
かくれたんだろう。

黄とトウモロコシちゃんを
いっしょに上げます。

バケタくん
きっとここだ、えい！ いない…。
ということは…。ここだね！

赤だけを上げ、トマトちゃんを
見せます。

バケタくん
バケコちゃん見一つけ…
あれっ!? トマトちゃん？

どうなってるの？

赤からバケコちゃんを取り出します。
トマトちゃんに赤を重ねます。この
ときトマトを前にしておきます。

バケタくんを裏にします。

バケタくん もう1回やろう。
次は見つけるぞ。1、2、3、4…

バケコちゃん①を黄に入れます。

バケコちゃん 今度はここに隠れよっと。

バケタくん （5…10まで数えます）
よーし、探すぞ！

よし ここにかくれよう

バケタくんを表に戻します。
順番に上げます。

\ いない /

 →

\ ちがう… /

おかしいぞ

緑とバケコちゃん②を上げます。

> バケタくん
>
> きっとここだね、えい！
> ちがう…。

黄だけを上げ、
トウモロコシちゃんを見せます。

> バケタくん
>
> きっとここだ、えい！
> トウモロコシちゃんだ…。

赤だけを上げます。トマトが登場します。

> バケタくん
>
> ということは…。ここだね！ トマト!?
> あれー、トマトちゃんがトマトになっちゃった!?
> おかしいぞ、全然見つけられないよ。
> バケコちゃんを黄から出します。

> バケコちゃん
>
> ふふふ！ 私は黄色にいました！

バケタくんを裏にします。

> バケタくん　もう1回だ！ いくぞ〜！ 1、2、3、4…。

バケコちゃんを赤に入れます。

> バケコちゃん　ここに隠れようっと。もういいよ。

ここにかくれよう！

ちがった！

10まで数えたら、バケタくんを表に戻します。

> バケタくん　バケコちゃんどこにかくれたか、みんなはわかる？

 赤、赤！

> バケタくん　え？ 赤にかくれているって？ じゃあ、見てみよう！

赤だけを上げ、トマトを見せます。

> バケタくん　みんながせっかく教えてくれたのに、ちがったみたい…。

私は
ここでした！

ジャ〜ン

バケタくんを裏にします。

> バケコちゃん　バケタくん、わたしはここだよ！

緑だけを上げ、バケコちゃん②を持ちます。

> バケコちゃん　私、かくれんぼ大好き！ またあそぼうね！

> バケタくん　バケコちゃん、本当に
> かくれんぼが上手だね。
> みんなはどんなあそびが好き？
> 今度いっしょにあそびたいな。

クルリスマス

型紙 98ページ

PDF P34_kururi

イラスト／たかしまよーこ

シアターの準備

材料：透明のプラスチックカップ9個

サンタは表、ひげは
裏に向けて重ねておく
サンタ　ひげ

トナカイは表、赤い鼻は
裏に向けて重ねておく
トナカイ　赤い鼻

もちは表、袋は
裏に向けて重ねておく
もち　袋

プレゼント

ダンボールは表、そりは
裏に向けて重ねておく
ダンボール　そり

1

サンタを見せます。

サンタ ホッホッホー。
今年もクリスマスの季節がやってきましたね。
でも、少し困ったことがあります。
いつもとちがうところがあって、出かけられないのです。
どうか、みなさんの力で
ちがうところを見つけてほしいのです。
さっそくですが、わたくしサンタクロース。
なにかちがうところありますか？

子どもの反応を待ちます。

 ひげがないよ

サンタを見せます。

サンタ ホッホッホー。ひげがない!?
これは失礼しました。

サンタです

2

ひげを回し、サンタに重ねます。

サンタ クルリスマス。
これでいかがでしょうか？
見つけてくれて
ありがとうございます。

クルリスマス

回します。

これで
どうでしょう？

3 トナカイを見せます。

サンタ 今度は、わたくしの大事な
友だちのトナカイです。
なにかちがうところありますか？

子どもの反応を待ちます。

 鼻が青くなってる

サンタ ほっほっほー。
鼻の色がちがいましたか！

え？
鼻がヘン？

4 赤い鼻を回し、トナカイに重ねます。

サンタ クルリスマス！
これでいかがでしょうか？
見つけてくれて
ありがとうございます。

クルリスマス

回します。

赤い鼻に
なったよ

5 もちを見せます。

サンタ 次は、みんなに届ける
プレゼントを入れる袋です。
なにかちがうところありますか？

子どもの反応を待ちます。

 それ、おもちだよ

どこがおかしいの
かなあ？

ちがってたのかー

サンタ 次はホッホッホー。
袋じゃなくて"おもち"でしたね。

6 袋を回し、もちに重ねます。

サンタ クルリスマス！
これでいかがでしょうか？
見つけてくれて
ありがとうございます。

プレゼントも下から重ね入れます。

サンタ プレゼントしっかり
入れましたよ。

＼クルリスマス／

回します。

プレゼントも
しっかり
入れて…

---

7 ダンボールを見せます。

サンタ みなさんのおかげで
世界中の子どものところへ
行くことができます！
それでは行ってきます。
え？ なにかちがっていますか？

子どもの反応を待ちます。

そりじゃない!?

サンタ ホッホッホー。
こりゃいけない！
そりが「ダンボール」になっていました。

これに乗るよ

そりじゃない!?

＼クルリスマス／

回します。

8 そりを回して、
ダンボールに重ねます。

サンタ クルリスマス！
大事なそりをまちがえるとは、
いやー、あわてんぼうでした。

全部を並べます。

サンタ さぁ、これでようやく出発です！
みなさんにとって
楽しいクリスマスになりますように。
メリークリスマス！

メリー
クリスマス！

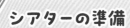

日常あそびで

① ② ③ ④ ⑤ 歳児 向け

まっくろ「は」恐竜トリケラくん

型紙 99ページ

 PDF P37_torikera

イラスト／中山愛夕美

シアターの準備

材料：紙コップ2個、紙皿2枚

表　　裏

おかし　　チュー子先生・歯ブラシ

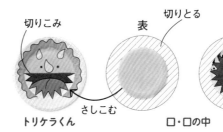

切りこみ　　　表　　切りとる　　裏

トリケラくん　さしこむ　　口・口の中

1

おかしのコップを置きます。
口を差しこんだトリケラくんを見せ、上下に揺らします。

> 〔トリケラくん〕 ドッシーン　ドッシーン！
> ぼくは恐竜のトリケラくん。
> ケーキにジュース　アイスクリーム
> 甘いものが大すきなんだ。

ドッシーン！

2

トリケラくんを上下に揺らしたまま、話します。

> 〔トリケラくん〕 くんくんくん。
> おっ、あまい匂いがするぞー
> こんな所に山盛りのおかしがあるぞ。
> さっそくいただきまーす。

トリケラくんの口におかしをはさみ、
食べているように揺らします。

いただきまーす！

3 トリケラくんの動きを止めます。

トリケラくん あむあむあむ。あれ？ おかしいな。

もう一度トリケラくんの口におかしをはさみます。

トリケラくん もう一度！ あむあむあむ。
やっぱりおかしいな。

チュー子先生を出します。

チュー子先生 トリケラくーん、どうかしたの？

トリケラくん チュー子先生！
それが、大好きなおかしを食べても
あまりおいしくないんだ。

チュー子先生 それはおかしいわね。
トリケラくん、口を大きくあけてみて。

トリケラくん わかった。あーん。

どうかしたの？

---

4 トリケラくんのよごれた歯を見せます。

チュー子先生 あら！ 歯がまっくろ！
よごれた歯のままじゃ美味しく食べられないわよ。
さっそく、この歯ブラシでみがきましょう。

チュー子先生を回して、裏の歯ブラシを見せます。

うわ、きたない！

回して歯ブラシを
出します。

5 歯ブラシを動かしながら唱えます。

♫ ゴシゴシ歯みがき　ピカピカ歯みがき　くちゅくちゅぺっ！

歯ブラシを置き、トリケラくんの口を4分の1だけ回します。

ゴシゴシ

トリケラくん どう？ ぼくの歯、
きれいになったかな？

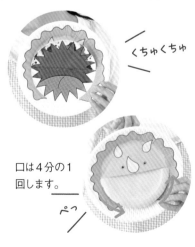

くちゅくちゅ

口は4分の1
回します。

ぺっ

どう？

6 子どもたちの反応を見ます。

チュー子先生 トリケラくん口をあけて歯をみせて！
うーん、まだだね。

トリケラくん まだ、きたないか。
よーし、がんばるぞ。

♬ ゴシゴシ歯みがき　ピカピカ歯みがき
くちゅくちゅぺっ！

がんばって
きれいに
するぞ！

ゴシゴシ

7 さらにトリケラくんの口を4分の1回します。

チュー子先生 みんなも手伝ってくれる？
じゃあ、いくわよ。

♬ ゴシゴシ歯みがき　ピカピカ歯みがき
くちゅくちゅぺっ！

口は4分の1回します。

ゴシゴシ

---

8 歯がきれいになったトリケラくんの口を見せます。

トリケラくん あーん。今度はどう？

 きれいになってる！

チュー子先生 ピカピカになってるね！
みんなありがとう。
トリケラくん、歯がきれいになって
よかったわね。

トリケラくん これで、また大好きなおかしを
美味しく食べられるぞ。

チュー子先生 トリケラくん、これから食べたあとは、
しっかり歯みがきするのよ。

きれいに
なったね！

おしまい

わたしを宇宙に つれてって

型紙 100ページ

PDF P40_uchu

イラスト／ゼリービーンズ

✏ シアターの準備

材料：紙皿1枚、紙コップ1個、毛糸、丸シール

カップの底を切りおとす

丸シールを貼る

切りこみ

宇宙人

UFO

結ぶ　毛糸

切りこみから抜けない程度の玉結びにします。ここでは赤い毛糸を当たりにして結びます。

UFOの上に宇宙人を乗せ、切りこみに毛糸を通します。

1
円をえがきながら、UFOをおろしてきます。

宇宙人 アーレー。

保育者 みんな見て！ 空から宇宙人が落りてきたよ。

アーレー

2
UFOをテーブル（または床）に置きます。

のどをトントンして宇宙人の声を演出。

宇宙人 ワタシヲ、ウチュウニ、ツレテッテ。

どうやって？

保育者 いいけど、どうやって？

3
みんなに毛糸を見せます。

宇宙人 イロ、ヒモ、ヒッパル、ワタシ、ウチュウニ、カエレル。

保育者 色のついたひもをひっぱればいいのね。

黄色の毛糸を引っ張ります。

保育者 こうかしら？ あら？ 取れちゃった。

取れちゃった

4

(宇宙人) ソレ、チガウ。ワタシヲ、ウチュウニ、ツレテッテ。

(保育者) えー!? どれだろう?
みんな、なに色をひけばいいかな?

子どもの声を待ちます。

ピンクとか?

(保育者) わかった、ピンクに
しましょう。

ピンクの毛糸を引っ張ります。

OK！
ピンクね

ちがう～

5

(宇宙人) ワタシヲ、ウチュウニ、ツレテッテ。

ハズレの毛糸を
引っ張るのを繰り返します。

えいっ！

ちがった～

6

残り2本のところで、
子どもに最後の問いかけをします。

(宇宙人) 残りは、黄色と赤色のひも。
みんな、どっちにしたらいい?
みんなの声が大きいほうの色にするよ。

子どもの声を待ち、最後は当たりの赤い毛糸を指します。

(保育者) この色だね。いくよ！ それー！

当たりの赤い毛糸を引っ張り、UFOを持ち上げます。

(宇宙人) アリガトウ、アリガトウ、チキュウノミナサン、
ウチュウニ　カエレル、サヨウナラ。

(保育者) みんなのおかげで、宇宙に帰してあげられたね！

※当たりの毛糸を他の色に変えると何度でも遊べます。

UFO
飛んだよ！

サヨウナラ

だれかな？
だれかな？

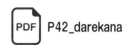

型紙　101ページ

PDF　P42_darekana

イラスト／三角亜紀子

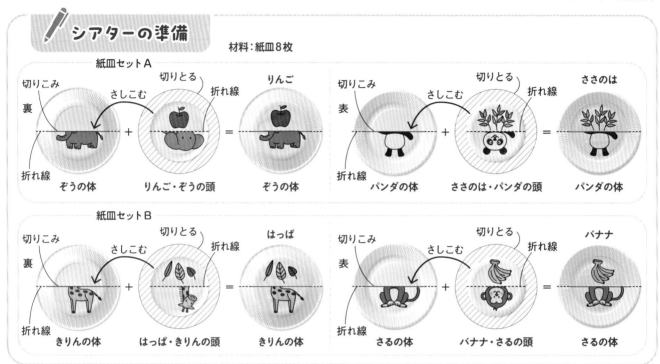

✏️ シアターの準備

材料：紙皿8枚

紙皿セットA

切りこみ　さしこむ　切りとる　折れ線　りんご
裏
折れ線
ぞうの体　+　りんご・ぞうの頭　=　ぞうの体

切りこみ　さしこむ　切りとる　折れ線　ささのは
表
折れ線
パンダの体　+　ささのは・パンダの頭　=　パンダの体

紙皿セットB

切りこみ　さしこむ　切りとる　折れ線　はっぱ
裏
折れ線
きりんの体　+　はっぱ・きりんの頭　=　きりんの体

切りこみ　さしこむ　切りとる　折れ線　バナナ
表
折れ線
さるの体　+　バナナ・さるの頭　=　さるの体

---

① 1

紙皿セットAを半分に畳んで持ち、りんごを見せます。

保育者 りんごだね。

下半分を広げ、ぞうの体を見せます。

保育者 りんごにだれか、かくれているね。だれかな？　だれかな？

> りんごだね

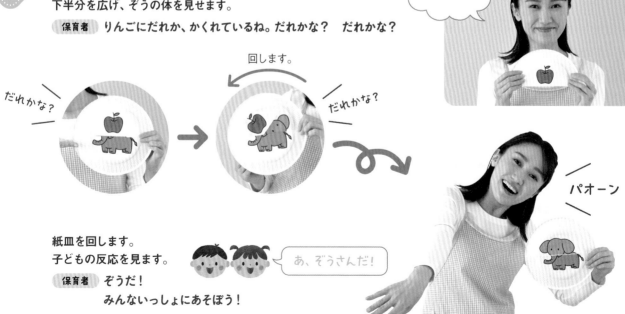

だれかな？　　回します。　　だれかな？

パオーン

紙皿を回します。
子どもの反応を見ます。

保育者 ぞうだ！
みんないっしょにあそぼう！

> あ、ぞうさんだ！

2
裏返して半分に畳み、ささのはを見せます。

【保育者】 ささのはだね。

下半分を広げ、パンダの体を見せます。

【保育者】 ささのはにだれかかくれているね。
だれかな？ だれかな？

ささのはだね

パンダ
でした！

紙皿を回します。
子どもの反応を見ます。

【保育者】 パンダだ！
みんないっしょに
あそぼう！

だれかな？
だれかな？

回します。

クイズ

だれかな？ だれかな？

3
紙皿セットBを半分に畳んで持ち、
はっぱを見せます。

【保育者】 はっぱだね。

下半分を広げ、キリンの体を見せます。

【保育者】 はっぱにだれかかくれているね。
だれかな？ だれかな？

はっぱだね

キリン
でしたー

だれかな？

紙皿を回します。
子どもの反応を見ます。

【保育者】 キリンだ！
みんないっしょに
あそぼう！

だれかな？

回します。

4
裏返して半分に畳み、バナナを見せます。

【保育者】 バナナだね。

下半分を広げ、さるの体を見せます。

【保育者】 バナナにだれか隠れているね。
だれかな？ だれかな？

バナナだね

ウッキー！

だれかな？

紙皿を回します。
子どもの反応を見ます。

【保育者】 さるだ！
みんないっしょに
あそぼう！

だれかな？

回します。

クイズ

よくみてあてて

型紙 105ページ

 PDF P44_yokumite

 **シアターの準備**

材料：紙皿1枚、ペン、ハサミ、スプーンなど

切りこみ

目かくし

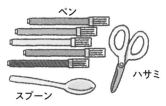

ペン

ハサミ

スプーン

※園にあるものでOK

何か出てくるよ

目かくしを見せます。

保育者 ここからなにか出てくるよ。

---

1 片手で目かくしの紙皿を持ち、もう片方の手で子どもから見えないようにペンを持ちます。

♪ ここにひとつあながある　なにかよく　みてあてて
（げんこつやまのたぬきさん　おっぱいのんで　ねんねして）

※「げんこつやまのたぬきさん」の
替え歌でリズムよく演じましょう。

これなに？

よくみて

あててみて

出したり
引っこめたり

すばやく目かくしからペンを出したり
引っこめたりします。

♪ これなに？　よくみて　あててみて
（だっこして　おんぶして　またあした）

 演じ方のコツ
出したりひっこめたり
するタイミングを
チェック！

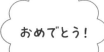

おめでとう！

---

2 子どもの反応を見て、正解を言います。

  なんだろう？　ペン？

子どもの反応を見て、正解を言います。

保育者 そう、正解は、「ペン」でした！
当たった人はおめでとう！

3 片手で目かくしの紙皿を持ち、もう片方の手で子どもから見えないようにハサミを持ちます。

🎵 ここにひとつあながある　なにかよくみてあてて

これなに？

よくみて

あててみて

出したり
引っこめたり

🎵 これなに？　よくみて　あててみて

すばやく目かくしからハサミを出したり
引っこめたりします。

4 子どもの反応を見て、正解を言います。

保育者　正解は、「ハサミ」でした！
当たった人はおめでとう！

おめでとう！

5 片手で目かくしの紙皿を持ち、もう片方の手で子どもから見えないようにスプーンを持ちます。

🎵 ここにひとつあながある　なにかよくみてあてて

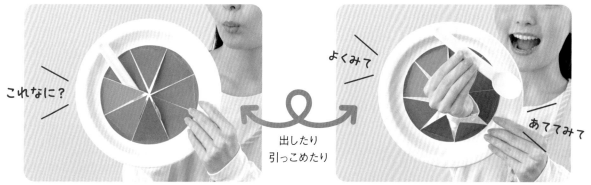

これなに？

よくみて

あててみて

出したり
引っこめたり

🎵 これなに？　よくみて　あててみて

すばやく目かくしからスプーンを
出したり引っこめたりします。

6 子どもの反応を見て、正解を言います。

保育者 正解は、「スプーン」でした！
当たった人はおめでとう！

スプーン
でした！

7 片手で目かくしの紙皿を持ち、もう片方の手はなにも持たず、
子どもから見えないように目かくしのうしろにかくします。

♬ ここにひとつあながある　なにかよくみてあてて
すばやく目かくしから手を出したり引っこめたりします。

これなに？

出したり
引っこめたり

よくみて

あててみて

♬ これなに？　よくみて　あててみて

8 子どもの反応を見て、さけびます。

保育者 正解は、「ガオー！！」

  びっくりしたー！

ガオーッ！

だれだ？ なんだ？ どこだ？ クイズ

型紙 105ページ

PDF P47_dareda

イラスト／アキワシンヤ

シアターの準備

材料：紙皿4枚

重ねておく

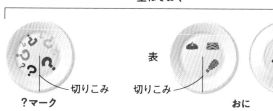

?マーク　　切りこみ

表　切りこみ　おに　裏

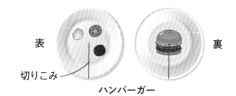

表　切りこみ　ハンバーガー　裏

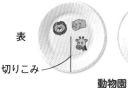

表　切りこみ　動物園　裏

※?マークは問題ごとに使います。

1

?マークとおにを重ねておきます。

保育者　「だれだ？ なんだ？ どこだ？ クイズ」をやろう！
当てられるかな？
第1問！ これだれだ？

第1問

▶ 演じ方のコツ
紙皿の基本の
回し方をチェック！

紙皿を回し、こん棒を見せます。

さらに紙皿を回し、
しましまパンツを見せます。

さらに紙皿を回し、
つのを見せます。

2

重ねたまま裏返し、
シンキングタイム。
子どもの反応を待ちます。

うーん？

おに？

正解は
おにだよ！

少しずつ紙皿を回し、裏のおにを見せます。

保育者 正解は、おに！ でした。
悪いおにならおにはそと！
良いおにだったらおにはうち！

回します。

3

?マークとハンバーガーを重ねておきます。
?マークを見せます。

保育者 第2問！
これなんだ？

今度はなにかな？

第2問

 →  →

紙皿を回し、
ハンバーグを見せます。

さらに紙皿を回し、
トマトを見せます。

さらに紙皿を回し、
レタスを見せます。

4

重ねたまま裏返し、シンキングタイム。
子どもの反応を待ちます。

あ、ハンバーガーだ！

うーん？

ハンバーガー！

おいしい！

少しずつ紙皿を回し、
裏のハンバーガーを見せます。

保育者 正解は、ハンバーガー！ でした。
みんなで食べよう！
あむあむあむ。あーおいしい！

回します。

5 ?マークと動物を重ねておきます。
?マークを見せます。

保育者 第3問！
これは、どこだ？

第3問だよ！

ガオーッ！

紙皿を回し、
きりんを見せます。

さらに紙皿を回し、
ぞうを見せます。

きりんと…ぞう…

さらに紙皿を回し、
ライオンを見せます。

6 重ねたまま裏返し、シンキングタイム。
子どもの反応を待ちます。

なんだろう？

う〜ん？

動物園
でした！

回します。

少しずつ紙皿を回し、
裏の動物園を見せます。

保育者 正解は、動物園でした！
みんなが好きな動物はなにかな？

他にも、サンタクロース（ひげ・長靴・袋）、トランプ（四角・数字・マーク）、
園庭や公園　（砂場・滑り台・ブランコ）なども楽しめます。

クイズ！なにかが！？クイズ

型紙 109ページ

 P50_quiz

イラスト／たかしまよーこ

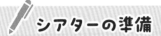 シアターの準備

材料：紙コップ7個

紙コップ①	紙コップ②	紙コップ③		紙コップ④		紙コップ⑤	
		表	裏	表	裏	表	裏
？	りんご①	りんご② バナナ		もも ぶどう		みかん パイナップル	

紙コップ⑥		紙コップ⑦	
表	裏	表	裏
いちご	メロン	すいか	くり

組み合わせや演じる順番は自由。
適宜組み合わせてクイズにしましょう。

---

1 紙コップを並べます。
？を真ん中に置きます。

保育者 これからクイズを出すよ！
わかるかなー？

手拍子をしながら唱えます。

♪ クーイズ クイズ
なにかが!? クイズ

出題する果物を並べておいても。

2 保育者 第1問！

りんご、もも、パイナップルの順に？に入れます。

保育者 りんご、もも、パイナップル。

りんご

3 全部入れたらクイズを出します。

保育者 1個目のくだもの
なーんだ？

 りんごかな？

 なんだった？

4 子どもの反応を待ち、
？から紙コップを取り出し、
正解のりんご見せます。

保育者 正解はりんごでしたー！
正解した人おめでとう。

りんご！

おめでとう

5 ①に戻ります。手拍子をしながら唱えます。
♫ クーイズ クイズ なにかが!? クイズ
保育者 第2問！
みかん、バナナ、メロンの順に？に入れます。
保育者 みかん、バナナ、メロン。

バナナ

6 全部入れたらクイズを出します。
保育者 丸い形のくだものはいくつあった？

7 子どもの反応を待ち、？から紙コップを
取り出し、正解のみかんとメロンを見せます。
保育者 正解は2つでした！
正解した人おめでとう。

2つでしたー

8 ①に戻ります。手拍子をしながら唱えます。
♫ クーイズ クイズ なにかが!? クイズ
保育者 第3問！
りんご、ぶどう、いちご、くり、りんご
の順に？に入れます。
保育者 りんご、ぶどう、いちご、くり、りんご。

9 全部入れたらクイズを出します。
保育者 2つ出てきたのはなんだった？

2つ出てきた
のは…？

10 子どもの反応を待ち、？から紙コップを取り出し、
正解のりんご①と②を見せます。
保育者 正解はりんごでした！
正解した人おめでとう。

11 ① に戻ります。手拍子をしながら唱えます。

♫ クーイズ クイズ なにかが!? クイズ

保育者 第4問！

すいか、もも、くり、みかん、
りんご、いちごの順に？に入れます。

保育者 すいか、もも、くり、みかん、りんご、いちご。

なん個だった？

12 全部入れたらクイズを出します。

保育者 全部でなん個だった？

13 子どもの反応を待ち、？から
紙コップを取り出し、正解を言います。

保育者 正解は6個でした！
正解した人おめでとう。

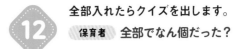

6個でした！

14 ① に戻ります。
手拍子をしながら唱えます。

♪クーイズ クイズ なにかが!? クイズ

保育者 最終問題！

メロン、りんご、ぶどう、バナナ、
パイナップル、すいかの順に？に入れます。

保育者 メロン、りんご、ぶどう、バナナ、
パイナップル、すいか。

バナナ

15 全部入れたらクイズを出します。

保育者 むらさき色の果物は
なんだった？

16 子どもの反応を待ち、？から紙コップを
取り出し、正解のぶどうを見せます。

保育者 正解はぶどうでしたー！
正解した人おめでとう。

ぶどう
でした！

またあそぼうね！

保育者 また、クイズで
あそぼうね！

おにぎりころころ

型紙 110ページ

PDF P53_onigiri

ラスト／アキワシンヤ

🖊 シアターの準備

材料：紙皿2枚

紙皿小(ふちを切ったもの)

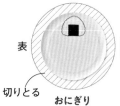

表

切りとる

おにぎり

裏

ねずみたち

紙皿大

折れ線

裏

切りこみ

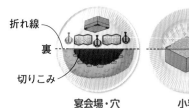

表

宴会場・穴

小判

1

おにぎりを見せます。

🎤 あるところに、村一番に働き者の
おじいさんがいました。

(おじいさん) いやー、今日もよく働いた。
おなかもぺこぺこだ。
大好きなおにぎりを食べて、ひと休みしよう。
あーむ。

2つ折りにした紙皿大の穴を見せ、
おにぎりを下から差しこみます。

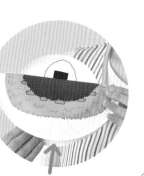

おにぎりを下から
差しこみます。

おなか
ぺこぺこ

あーむ

2

🎤 そのときです！ おにぎりがおじいさんの
手から落ちてころころと坂を転がっていきました。
ころころ…。おにぎりは止まりません。

おにぎりを回しながら、穴を傾けます。

(おじいさん) まてーまてー！ わしのおにぎりー！
まっておくれー。

待ってー！

おにぎりを少し下げます。

🎤 おにぎりは、そのまま穴の中に
落っこちてしまいました。

おじいさん おじいさんはあわてて、
穴の中をのぞきこみました。
すると、穴の中から
楽しそうな歌が聞こえてきました。

あー
穴に…

裏返して、紙皿大の宴会場を見せます。
ねずみたちを少し引き上げ回しながらうたいます。

ねずみ 🎵 おにぎりころころおいしいな
おにぎりころころおいしいな

おじいさん ほっほっほ。わしのおにぎりで、
そんなに喜んでもらえるとは、うれしいのー。

ねずみ あっ、おじいさん。
このおにぎりはおじいさんのでしたか。
とってもおいしいおにぎりをありがとうございます。
よかったら、お礼にこの箱を持っていってください。

🎤 おじいさんは、ねずみたちにもらった箱を
家に持ち帰り、開けてみることにしました。

おにぎりころころ
おいしいな

くるっ
くるっ

4 ねずみを引きぬいて宴会場の上半分を開き、
小判を見せます。

🎤 おじいさんが家に帰って箱を開けてみると、
中には小判がどっさり入っていました。
おじいさんは、このお金でお米をたくさん買って、
おにぎりを作り、毎日穴の中に住むねずみたちと
おにぎりを食べて楽しく過ごしたんだとさ。

たくさん
入ってる！

上へ開きます。

おしまい

ももたろうの冒険

イラスト／三角亜紀子

シアターの準備

材料：紙皿4枚

紙皿セットA

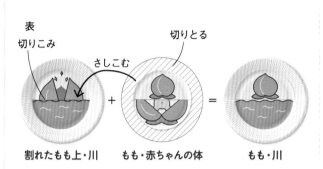

表
切りこみ
さしこむ
切りとる

割れたもも上・川 ＋ もも・赤ちゃんの体 ＝ もも・川

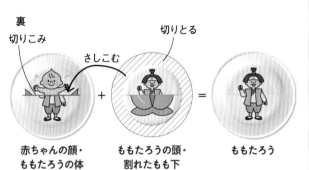

裏
切りこみ
さしこむ
切りとる

赤ちゃんの顔・ももたろうの体 ＋ ももたろうの頭・割れたもも下 ＝ ももたろう

紙皿セットB

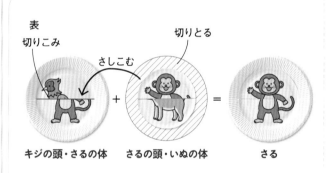

表
切りこみ
さしこむ
切りとる

キジの頭・さるの体 ＋ さるの頭・いぬの体 ＝ さる

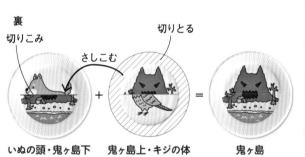

裏
切りこみ
さしこむ
切りとる

いぬの頭・鬼ヶ島下 ＋ 鬼ヶ島上・キジの体 ＝ 鬼ヶ島

1

紙皿セットA表のもも・川を見せます。

👄 ある日、おばあさんが川で洗濯をしていると
川の向こうから大きなももが、
どんぶらこ どんぶらこ と流れてきました。
おばあさんは、そのももを家に持ち帰りました。

 どんぶらこ

どんぶらこ
どんぶらこ

2 ももを下げ、割れたももを見せます。

🎤 おばあさんは、さっそくももを
　割ってみました。

（おばあさん）とりゃ！

下げます。

とりゃ！

パカッ！

3 裏返して、赤ちゃんを見せます。

🎤 すると、なんということでしょう！
　中から赤ちゃんが飛び出してきました。
　おばあさんは、ももから出てきた子だから
　「ももたろう」と名付けました。

赤ちゃんだ！

4 赤ちゃんの体を上げ、ももたろうを見せます。

🎤 ももたろうはすくすく育ち、
　りっぱな青年になりました。

（ももたろう）おばあさん、これから冒険に行ってきます。

🎤 ももたろうは、おばあさんから
　大好物のきびだんごをもらい、冒険に出発しました。

冒険に出発！

大きくなったよ

ありがとう
ウッキー

5 紙皿セットB表のさるを見せます。

🎤 少し進むと、そこにおなかを空かせたさるがいました。

（さる）お腹が空いて動けないよ。
　　　　よかったらなにか食べ物を分けてくれないかい？

🎤 ももたろうは、おばあさんからもらったきびだんごを、
　分けてあげました。

（さる）うれしい！ありがとう。

🎤 さるは、ももたろうといっしょに行くことにしました。

6 さるの頭を下げ、キジを見せます。

🎤 その話を近くで聞いていたキジがやってきました。

> **キジ** そのきびだんご、
> わたしにも1つ分けておくれ。
> そしてわたしも連れていっておくれ。

🎤 ももたろうは、キジにもきびだんごを分けてやり、
いっしょに冒険することにしました。

連れてって
ケーン！

仲間だワン！

7 裏返して、いぬを見せます。

> **いぬ** くんくんくん。
> なにかいい匂いがするな。
> 鼻がとってもいいからわかるんだ。

🎤 いぬにもきびだんごを分け、仲間になりました。

みんな仲間になった

 8 いぬの体を上げて、鬼ヶ島を見せます。

🎤 ももたろうは、仲間の
さる、キジ、いぬといっしょに、
鬼が住んでいるといわれる、
鬼ヶ島へ冒険に行きましたとさ。

目ざせ
鬼ヶ島！

まだ遠い…
ムム

🎤 鬼ヶ島になにをしに行ったのかな？
みんなはどこへ冒険しに行きたい？
これからも、いっぱいわくわく
楽しいこと探しに行こうね。

おしまい

お話

1 **2** **3** **4** **5** 歳児向け

3びきのこぶたと はらぺこオオカミ

型紙 116ページ

PDF P58_3kobuta

イラスト／ゼリービーンズ

シアターの準備

材料：紙コップ7個

立ち上がるように切りこみを入れる　黄こぶた

立ち上がるように切りこみを入れる　緑こぶた　青こぶた

切り抜く　表　裏　わら　わらの家

切り抜く　表　裏　木の板　木の家

切り抜く　表　裏　レンガ　レンガの家

表　裏　オオカミ

1

黄こぶた、緑こぶた、青こぶたを見せます。

🎙 ある日、3びきのこぶたが
なにかを話し合っていました。

黄こぶた そろそろぼくらも自分の家を
建てて暮らしていい頃だね。

緑こぶた それは良い考えだね。
あっという間に建ててみせるよ。

青こぶた ぼくだって、負けないぞ！

🎙 3びきはそれぞれ家を建て始めました。

いいね
家を建てよう！

話しているこぶたがわかるように持ちます。

2

黄こぶたを見せ、わらをかぶせます。

黄こぶた ぼくの家は、とってもカンタン！
このわらを使って…。

このわらを
使って

🎵 トンテンカンカン　トンテンカン
わらを回して、わらの家を見せます。

黄こぶた ジャーン！あっという間に、
わらの家の完成！

わらをかぶせます。

ジャーン
わらの家！

3 緑こぶたを見せ、木の板をかぶせます。

（緑こぶた）ぼくの家は、この木を使って…。

木の板をかぶせます。

この木を
使って

トンテン
カンカン

🎵 トンテンカンカン　トンテンカン
木の板を回して、木の家を見せます。

（緑こぶた）ジャーン！
　　　　　木の家の完成！

木の家
だよ！

---

4 青こぶたを見せます。

（青こぶた）みんなはもう家ができたかな。
青こぶたに、レンガをかぶせます。

レンガをかぶせます。

このレンガを
使って

ふぅ〜
できた

レンガの
家だよ

（青こぶた）ぼくの家は、このレンガを使って
🎵 トンテンカンカン　トンテンカン
レンガを回して、レンガの家を見せます。

（青こぶた）ふぅ。やっとできた。レンガの家の完成！
　　　　　とってもじょうぶな家ができたぞ。

---

5 オオカミの表を見せます。

🎤 そこへ、おなかをすかせたオオカミがやってきました。

（オオカミ）ウォーン！ はらぺこだーはらぺこだー。
　　　　　どこかに食べ物はないのかー！
　　　　　くんくん！ おいしそうなこぶたの匂いがするぞ。

いいにおいが
するぜ

（オオカミ）トントントン！
　　　　　こぶたくんこぶたくん
　　　　　ドアを開けてくれないかい？
黄こぶたの顔を立ち上げます

（黄こぶた）ひぇー。オ、オオカミだ！
　　　　　静かにかくれていよう。

ひぇー！
こわいよ

顔を
立ち上げます。

6

オオカミ いるのはわかっているんだ。こうなったら、
　　　　おれさまの息でわらの家を吹き飛ばしてやるー！

オオカミ表を回して、裏を見せます。

オオカミ フッフッフッのフー！

フー！

わー！
飛ばされた

ここに
逃げろ！

わらの家を外します。

黄こぶた わぁー！ わらの家が
　　　　吹き飛ばされちゃったよー。
　　　　逃げろ逃げろー！
　　　　緑こぶたくーん、助けてー！

立ち上げた部分を元に戻し、
黄こぶたを緑こぶたの下に入れます。

7

オオカミの表を見せます。

オオカミ ここに逃げたな！
　　　　よーし、今度は捕まえて食べてやるぞ。
　　　　トントントン！ こぶたくん、こぶたくん、
　　　　ドアを開けてくれないかい？

緑こぶたの顔を立ち上げます。

緑こぶた ひぇー。本当だ！ オオカミがいる。
　　　　で、でもぼくの家は木の家。きっと大丈夫さ。
　　　　とりあえず静かにかくれていよう。

オオカミ くそー。やっぱりドアを開けない気だな。
　　　　木の家だって、おれさまの息で吹き飛ばしてやる。

顔を立ち上げます。

大丈夫だ

また
飛ばされた！

回します。

  →   フー！

オオカミを回して、裏を見せます。

オオカミ フッフッフッのフー！

木の家を外します。

黄こぶた 緑こぶた わぁ！ 木の家が吹き飛ばされちゃったよー。
　　　　逃げろー逃げろー。
　　　　緑こぶたくーん、助けてー！

立ち上げた部分を元に戻し、
緑こぶたと黄こぶたを重ねたまま、青こぶたの下に入れます。

逃げろー！

オオカミの表を見せます。

オオカミ 待てー！ はぁはぁはぁ。
まったく逃げ足のはやいこぶたたちだ。
だけど、ここにいるのはわかってるんだ！
次こそ、捕まえて食べてやるぞ。
トントントン！ ぶたくんぶたくん　ドアを開けてくれないかい？

食べてやるぞ

青こぶたの顔を立ち上げます。

青こぶた オオカミさん、ドアを開けることはできません。
ドアを開けたら、あなたはぼくたちを捕まえて食べるでしょ？
だから、帰ってください。

オオカミ 帰ってくださいだと！ 目の前においしそうなこぶたが
3びきもいるのに帰るわけないだろ！
おれさまの息でレンガの家も吹き飛ばしてやる！

顔を立ち上げます。

開けません！

オオカミを回して、裏を見せます。

飛ばない

オオカミ フッフッフッのフー！
あれ？ フッフッフッのフー！

オオカミ おや？ びくともしないだと！
もう一度、フッフッフッのフー！
フッフッフッのフー！

オオカミ まったく
吹き飛ばせない。

オオカミを表に戻し、下げます。

オオカミ おなかがすきすぎて、もう息を
吹きかけることができない…。
あきらめて帰ろう。

黄こぶた、緑こぶた、青こぶたを
レンガの家の横に並べます。

黄こぶた **緑こぶた** やったやった！
オオカミが帰っていくぞ！

青こぶた 時間がかかって少し大変だったとしても、
じょうぶでオオカミの息で吹き飛ばない
家を建てないかい？ ぼくも手伝うからさ。

🎤 こうして、3びきのこぶたは、それぞれじょうぶな
家を建てました。それから、オオカミは二度と
来ることはなかったということです。

しょんぼり

やったー！

おしまい

かぐやひめの恩返し

型紙 118ページ

 PDF P62_kaguyahime

イラスト／ニシハマカオリ

🖊 シアターの準備

材料：紙皿1枚、紙コップ8個、たこ糸、セロハンテープ

表　裏　三日月　穴　満月

赤ちゃん　赤ちゃんを貼り、切りこむ

竹①

竹②

表　おじいさん　裏　表　おばあさん　裏

穴　かぐやひめ①　貼る　金のたけのこ

紙皿に穴をあけ糸を通し、結ぶ

金のたけのこをセロハンテープでカップの飲み口に貼る

かぐやひめ①の底に穴をあけて糸を通し、裏からセロハンテープでとめる

かぐやひめ②　村人A

指輪を貼り、切りこむ

金の冠を貼り、切りこむ

村人B

---

1 竹①と②を写真のように
上下に重ねておきます。
おじいさんとおばあさん、竹を見せます。

🎤 ある日、おじいさんとおばあさんが
竹やぶを歩いていると、
1本だけ輝く竹を見つけました。
おじいさんとおばあさんは、
さっそく竹を割ってみました。

竹②の境目におじいさんとおばあさんを当てて、
上の竹②を飛ばします。

おじいさん　おばあさん　えいっ！ やーっ！

光ってる

まぁかわいい赤ちゃん！

えいっ！
やーっ！

パカーン

2 竹①の赤ちゃんを立ち上げます。

🎤 すると、中からかわいい赤ちゃんが
現れました。
おじいさんとおばあさんは、
かぐやひめと名付け、
いっしょに暮らすことにしました。

かぐやひめ①を見せます。

🎤 数年が経ち、かぐやひめは
とても美しい女性に成長しました。
これを知った村人がかぐやひめをお嫁さんにしたいと
毎晩、家にやってくるようになりました。

大きく成長
しました

村人Aの指輪を立ち上げておき、見せます。

村人A かぐやひめ！ よかったら、
この指輪を受け取ってください。
そして、わたしと結婚してください。

かぐやひめ いいえ。
わたしは、指輪はいりません。
結婚もしません。

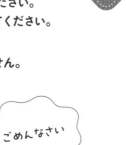

結婚して
ください

ごめんなさい

ごめんなさい

指輪を立ち上げておきます。

5 村人Bの金の冠を立ち上げておき、見せます。

村人B かぐやひめ！
では、この金の冠はどうでしょう？
そして、わたしと結婚してください。

かぐやひめ いいえ。
わたしは、金の冠はいりません。
結婚もしません。

結婚して
ください

ごめんなさい

金の冠を立ち上げておきます。

三日月を見せます。

🎤 あるとき、かぐやひめが言いました。

かぐやひめ 実はわたしは月からきた人間なのです。
そして、次の満月の日に一度
月に帰らなければなりません。
でも、心配しないでください。
ある物を取りに行ってくるだけです。
必ず戻ります。

帰っちゃうの！

次の満月が来たら
月に帰ります

三日月の紙皿を裏返し、満月を見せます。

🎤 そうして、とうとう満月になりました。

おじいさん おばあさん おー、かぐやひめよ。
早く戻ってきておくれ。
必ず戻ってきておくれ。

かぐやひめ はい、必ず。
おじいさん、おばあさん行ってきます。

糸を引っぱり、かぐやひめを吊り上げます。

🎤 かぐやひめは月へ行ってしまいました。

月に帰ります

かぐやひめを完全に吊り上げ、
金のたけのこを見せます。

🎤 かぐやひめは月に着くと、
ここまで成長させてくれたおじいさんと
おばあさんに恩返しをするため、
月にはえる金のたけのこを掘りました。

おじいさんと
おばあさんに!

▶ 演じ方のコツ
糸の操作のしかた
をチェック!

ただいま!

糸をゆるめ、かぐやひめをまた元に戻します。

🎤 そして再びおじいさんと
おばあさんの元へ戻ってきました。

 あ、帰ってきた!

おいしいね!

おじいさん、おばあさんを回し、裏を見せます。
次に、かぐやひめ②を見せます。

🎤 かぐやひめが月から戻ってくると、
おじいさんとおばあさんは大喜び。
かぐやひめにもらった金のたけのこで
いろいろな料理を作り、みんなで食べました。

🎤 こうして、いつまでも仲良く、楽しく過ごしました。

おしまい

おおきなかぶ

型紙 120ページ

 PDF P65_ookinakabu

イラスト／あくざわめぐみ

🖊 シアターの準備

材料：紙皿1枚、紙コップ8個、たこ糸、セロハンテープ

かぶの葉A・B

かぶの葉A・Bを貼り合わせたものをセロハンテープで貼る

表

かぶ

切りこみに紙皿をさしこむ

1cmほどの切りこみを2か所入れる

穴をあけて糸を通し、結んでセロハンテープでとめる

重ねる

穴をあけて糸を通し、結ぶ

底を切りぬく

裏

かぶのスープ

おじいさんが外側にくるように、おばあさん・まご・ねこ・いぬ・ねずみの順に紙コップを重ねておく

おじいさん　おばあさん　まご

ねこ　いぬ　ねずみ

1

かぶとおじいさんを見せます。

🎤 あるところにおじいさんがいました。
　　おじいさんの畑ではかぶを育てていました。
　　毎日大切に育てていたかぶは、
　　気付くとこんなに大きくなりました。

（おじいさん）このかぶは、わしより大きく立派に育った。
　　　　　　そろそろ抜くころじゃな。

かぶを引っ張る仕草をします。

うんとこしょ
どっこいしょ

ぬけない！

🎤 それ！ うんとこしょ　どっこいしょ
　　うんとこしょ　どっこいしょ
　　おじいさんは力いっぱい
　　かぶをぬこうとしました。
　　しかし、かぶはぬけません。

大きなかぶだね

重ねていたおばあさんを出します。

🎤 そこへ、おばあさんがやってきました。

おばあさん わたしも手伝うわ。

🎤 それ！うんとこしょ　どっこいしょ
うんとこしょ　どっこいしょ！
それでもかぶはぬけません。

うんとこしょ
どっこいしょ

ぬけないわ！

重ねていた まごを出します。

🎤 そこへ、まごがやってきました

まご おじいちゃん、おばあちゃん、
わたしも手伝うわ。

🎤 それ！うんとこしょ　どっこいしょ
うんとこしょ　どっこいしょ！
まだ、かぶはぬけません

 がんばれ　がんばれ

うんとこしょ
どっこいしょ

重ねていた ねこを出します。

🎤 そこへ、ねこがやってきました

ねこ ニャーニャ、ニャニャニャーニャ

 手伝うって言ったの？

うんとこしょ

ぬけないよ！

🎤 それ！うんとこしょ　どっこいしょ
うんとこしょ　どっこいしょ！
まだまだかぶはぬけません。

5 重ねていた いぬを出します。
🎤 そこへ、いぬがやってきました。

> いぬ　ワン！ ワワワワーン！

🎤 それ！ うんとこしょ　どっこいしょ
　うんとこしょ　どっこいしょ！
　やっぱりかぶはぬけません。

うんとこしょ！

6 重ねていた ねずみを出します。
🎤 そこへ、ねずみがやってきました。

> ねずみ　チュチュチュ
　　　　チュチュチュ　チュー！

🎤 それ！ うんとこしょ　どっこいしょ
　うんとこしょ　どっこいしょ！
　どうしてもかぶはぬけません。

まかせて
チュー

しょんぼり

7 全員を見せます。

> おじいさん　そうだ！
　ここにいるみんなも
　手伝ってくれないかね？

子どもの反応を見ます。

> いいよ！

> おじいさん　ありがとう。

お願い！

8 みんなでかぶを引っ張る動作をします。

🎤 おじいさんはかぶをひっぱって、
おばあさんはおじいさんをひっぱって、
まごはおばあさんをひっぱって、
ねこはまごひっぱって、
いぬはねこをひっぱって、
ねずみはいぬをひっぱって、
ねずみをみんながひっぱって…。

さらに、かぶを引っ張る動作をします。

🎤 みんなで、そーれ！
うんとこしょ　どっこいしょ
うんとこしょ　どっこいしょ！
うんとこしょ　どっこいしょ
うんとこしょ　どっこいしょ!!

うんとこしょ
どっこいしょ

9 かぶの紙コップの底を指で強くはじきます。

🎤 みごとに大きなかぶがぬけました。

ポーン

ぬけた！

やったよー！

おじいさん　みんな、ありがとう。
ありがとう。

うわっ、すごい！

おいしいね

10 かぶの葉を手前に折り曲げてから、
かぶを裏返して、かぶのスープを見せます。

🎤 おじいさんたちは、その夜かぶのスープを作って
おいしく食べたんだって。

おしまい

① ② ③ ④ ⑤ 歳児 向け

かたつむり
～わたしのおうち～

型紙 121ページ

PDF　P69_katatsumuri

イラスト／ゼリービーンズ

✎ シアターの準備

材料：紙皿3枚、紙コップ1個、厚紙

裏に厚紙を貼り、後ろに紙コップを
付けると、安定します。

てんとうむし、ペロペロキャンディ、殻の順に重ねておく

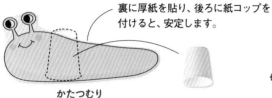

かたつむり

切りこみ　てんとうむし

ペロペロキャンディ　切りこみ

殻　切りこみ

1　かたつむりを端に登場させます。

【かたつむり】 今日はどんなおうちにしようかな？

「かたつむり」の替え歌をうたいながら、
かたつむりを真ん中に動かします。

♪ でんでんむしむしかたつむり
　わたしのおうちはどこにある？

わたしのおうちは
どこにある？

2　うたいながら、てんとうむしを見せます。

♪ これかな？

　てんとうむし？

これかな？

69

③ うたいながら紙皿を回し、
ペロペロキャンディを見せます。

♪ これかな？

回します。

▶ 演じ方のコツ
紙皿の基本の
回し方を
チェック！

---

④ うたいながら紙皿を回して
殻を見せ、かたつむりのそばに
持っていきます。

♪ これがいい

かたつむりになったね

かたつむり 今日はこのおうちで
良い気分！
またねー。

回します。

これがいい

紙皿の絵は、丸いもの、子どもの手形、
子どもが描いた絵などなんでも楽しめます！

♪ **かたつむりの替え歌**

作詞：小沢かづと　作曲：文部省唱歌

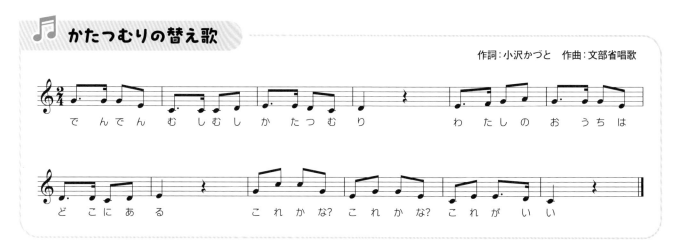

で ん で ん　む し む し か　た つ む り　　　わ た し の　お う ち は

ど こ に あ る　　　こ れ か な? こ れ か な? こ れ が い い

歌を使って

 ② ③ ④ ⑤ 歳児向け

おさかなバス

 型紙 123ページ

PDF P71_osakana

イラスト／たかしまよーこ

✏ シアターの準備

材料：紙皿6枚
イラストを紙皿に貼ってから切りこみ、ぬく。

重ねておく

ぬく

おさかなバス
切りこみ

くじら

イカ

カニ

ペンギン

タコ

 1

▶ 演じ方のコツ
紙皿の基本の
回し方をチェック！

回します。

くじらを重ねたままおさかなバスの
紙皿を、左右に揺らします。
🎵 おさかなバスがやってきた
　だれが乗っているのかな？

テンポに合わせて少しずつ回します。
🎵 だれだ？ だれだ？ だれだ？ だれだ？
子どもの反応を待ちます。

 2
指を出して、
潮を吹く動作をします。
そう！ くじらさんでした。

シュー！シュー！
シュー！シュー！

くじらさん
でした

 3
おさかなバスとイカを重ね
左右に揺らします。
🎵 おさかなバスがやってきた
　だれが乗っているのかな？

テンポに合わせて少しずつ回します。
🎵 だれだ？ だれだ？
　だれだ？ だれだ？
子どもの反応を待ちます。

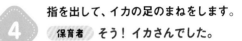
回します。

 4
指を出して、イカの足のまねをします。
保育者 そう！ イカさんでした。

ニョロ ニョロ

イカさん！
でした

歌を使って

おさかなバス

71

5 おさかなバスとカニを重ね、
おさかなバスの紙皿を左右に揺らします。

♫ おさかなバスがやってきた
　だれが乗っているのかな?

 こんどはだれ?

テンポに合わせて少しずつ回します。

♫ だれだ? だれだ? だれだ? だれだ?

子どもの反応を待ちます。

回します。

6 指を出して、カニのはさみのまねをします。

保育者 そう! カニさんでした。

チョキン!
チョキン!

カニさん!
でした

---

7 おさかなバスとペンギンを重ね、
おさかなバスの紙皿を左右に揺らします。

♫ おさかなバスがやってきた
　だれが乗っているのかな?

8 テンポに合わせて少しずつ回します。

♫ だれだ? だれだ? だれだ? だれだ?

子どもの反応を待ちます。

回します。

ペンギンさん!
でした

パタ パタ
パタ パタ

指を出して、ペンギンのまねをします。

保育者 そう! ペンギンさんでした。

9 おさかなバスとタコを重ね、
おさかなバスの紙皿を左右に揺らします。

♫ おさかなバスがやってきた
　だれが乗っているのかな?

10 テンポに合わせて少しずつ回します。

♫ だれだ? だれだ? だれだ? だれだ?

子どもの反応を待ちます。

回します。

ププププ
プシュー!

タコさん!

指を出して、
すみを吐くまねをします。

保育者 そう! タコさんでした。

おさかなバス、海の友だちを乗せて、明日も出発進行!

保育者 ブッブー! おしまい。

♫ **おさかなバス**

作詞・作曲:小沢かづと

1.〜5.おさかなバスが やってきた だれが のって いるのかな?

だれだ? だれだ? だれだ? だれだ? そう!

じ	ら	さん	でし	し	した
く	ジ	ささ	ーん	しし	たた
イ	カニ	んん	さん	でで	たた
ペ	ンコ	ささ	ー	でで	した
タ	コ	んん	でで	し	た

出発進行!

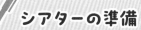

なにかをみつけた

型紙 126ページ

PDF P73_mitsuketa

イラスト／ニシハマカオリ

✏ シアターの準備

材料：紙皿3枚、クリアファイル（直径14cmの円形に切ったものを3枚）
イラストを貼った紙皿にクリアファイルを重ねて位置を決め、
両面に同じイラストを貼る。紙皿にクリアファイルを差しこんで組み合わせておく

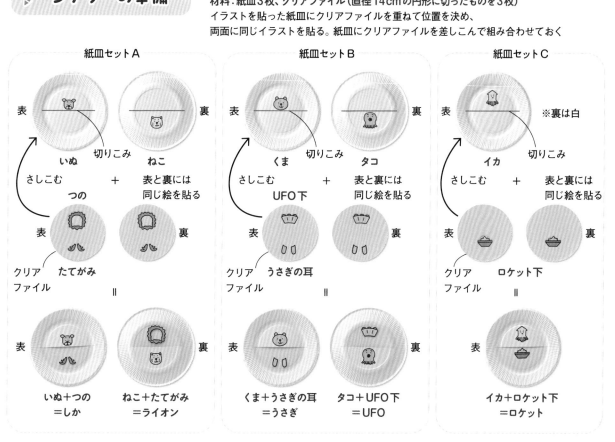

紙皿セットA

表　裏
いぬ　切りこみ　ねこ
さしこむ　＋　表と裏には同じ絵を貼る
つの
表　裏
クリアファイル　たてがみ
＝
表　裏
いぬ+つの＝しか　ねこ+たてがみ＝ライオン

紙皿セットB

表　裏
くま　切りこみ　タコ
さしこむ　＋　表と裏には同じ絵を貼る
UFO下
表　裏
クリアファイル　うさぎの耳
＝
表　裏
くま+うさぎの耳＝うさぎ　タコ+UFO下＝UFO

紙皿セットC

表　※裏は白
イカ　切りこみ
さしこむ　＋　表と裏には同じ絵を貼る
表　裏
クリアファイル　ロケット下
＝
表
イカ+ロケット下＝ロケット

1 紙皿セットAのクリアファイルを
下ろして見せます。
シャボン玉の替え歌でうたいます。

♫ いぬがやってきた
　なにかをみつけた

いぬだよ

♫ ちかよってみたら

上げます。

つのを上げます。

しかだ！

♫ しかみたいになった

しかになった！？

2 紙皿セットAの裏を見せます。
♫ ねこがやってきた
　　なにかをみつけた

♫ ちかよってみたら

たてがみを
下げます。

♫ ライオンみたいになった

---

3 紙皿セットBの表を見せます。
♫ くまがやってきた
　　なにかをみつけた

♫ ちかよってみたら

うさぎの耳を
上げます。

♫ うさぎみたいになった

---

4 紙皿セットBの裏を見せます。
♫ タコがやってきた
　　なにかをみつけた

♫ ちかよってみたら

UFOを
下げます。

♫ UFO（ユーフォー）みたいになった

⑤ 紙皿セットCの表を見せます。

♪ イカがやってきた　なにかをみつけた

なんだろう？　ペン？

イカイカ

♪ ちかよってみたら

ロケット下を
上げます。

♪ ロケットみたいになった
　スリー　ツー　ワン
　３　２　１　ドーン！

3・2・1

発射！
ドーン！！

♪ **シャボン玉の替え歌**

作詞：小沢かづと　　作曲：中山晋平

1.い　ーぬ　がが	やってきた　なにかを　みつけた　ちかよって　みたら	しか	みたいに　なった	
2.ねーこ　がが		ライオン		
3.くーまが　がが		うさぎ		
4.ターコ　がが		ユーフォー		
5.イーカ　がが		ロケット		

歌を使って

どんぐりころころ

型紙 126ページ

 P76_donguri

イラスト／中山愛夕美

✏ シアターの準備

材料：紙コップ4個、たこ糸、丸シール

重ねておく

表　どんぐり①　池　裏　どじょう①

池にどじょう①の顔がくるように
重ねておく

表　どじょう②　土　裏　どんぐり②

土にどんぐり②の顔がくるように
重ねておく

糸をセロハンテープ
でとめる

丸シール

---

1 どんぐり①を見せて、
どじょう①のひもを持ちます。
揺らしながらうたいます。

🎵 どんぐりころころ
　　どんぶりこ

どんぐり
ころころ

---

2 どんぐり①を回して、裏の池を見せます。

🎵 おいけにはまって　さぁたいへん

たいへん！

---

3 ひもを引っ張り、どじょう①を出します。

🎵 どじょうがでてきて　こんにちは

こんにちは

---

4 池を回して、どんぐり①を見せます。
どじょう①のひもを引っ張ったり引っこめた
りし、どんぐり①と揺らしながらうたいます。

🎵 ぼっちゃんいっしょにあそびましょ

あそびましょ

どじょう②を見せて、
どんぐり②のひもを持ちます。
揺らしながらうたいます。

♫ どじょうころころ　ころがって

ころころ

どじょう②を回して裏の土を見せます。

♫ つちにはまって　さぁたいへん

さぁ、
たいへん！

ひもを引っ張り、どんぐり②を出します。

♫ どんぐりでてきて　こんにちは

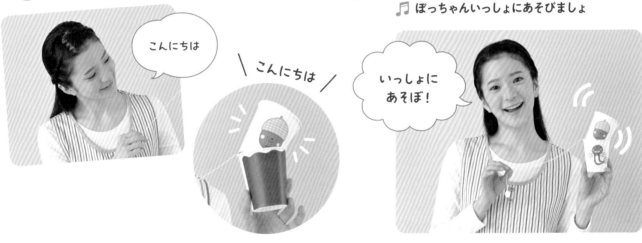

こんにちは

こんにちは

土を回して、どじょう②を見せます。
どんぐり②のひもを引っ張ったり引っこめたりし、
どじょう②といっしょに揺らしながらうたいます。

♫ ぼっちゃんいっしょにあそびましょ

いっしょに
あそぼ！

♫ どんぐりころころ

作詞：青木存義　作曲：梁田　貞

1. どんぐりころころ　どんぶりこ　おいけにはまって　さぁたいへん
2. どじょうーころころ　ころがって　つちにーはまって　さぁたいへん

どじょうがでてきて　こんにちは　ぼっちゃんいっしょにあそびましょう
どんぐりでてきて　こんにちは　ぼっちゃんいっしょにあそびましょう

歌を使って

どんぐりころころ

● ② ③ ④ ⑤ 歳児 向け

まほうのたね

型紙 127ページ

 PDF P78_mahou

イラスト／ニシハマカオリ

🖊 シアターの準備

材料：紙コップ5個、色紙、白いビニールテープ

りんごを裏にして重ねておく

ドア　　　りんご　　バナナ　　ぶどう　　パフェ

切りこみ

テープを貼っておく
※ドアが開けやすく
なります。

印

ドアの幅に合わせて
印を付けておく

たね

色紙を丸める

---

1 あらかじめりんごをドアに入れておき、白い面がドアに向くようにします。
ドアを見せます。

保育者 ねえねえみんな、ここに不思議なドアがあるけど
なにかあるのかな？　ちょっと見てみよう！

へんじがない

2 ドアをノックします。
🎵 ドアをたたいても　へんじがない
ドアを開けます。
🎵 ドアをあけても　なんにもない

なんにもない

3 赤い色紙（たね）を入れます。
🎵 でもね　まほうのたねをいれたら
「えい！」で指をさし、りんごがドアを向くように回します。

保育者 "でてこい　あかいもの　えいっ！ トントントーン"

赤いたね

まほうのたねを
入れたら…

ドアにりんごが
くるように回します。

出てこい
赤いもの！ えいっ！

りんご！

4

ドアを開けて、
りんごを見せます。
🎵 りんご！
ふしぎだね

りんごが出てきた！

5 バナナをドアに入れ、白い面がドアに向くようにします。
ドアを見せます。

> 保育者 もしかしてこのドア、色のたねを入れると
> ほかにもなにか出てくるのかな？
> やってみよう！

6 **2** と同じに演じます。ドアをノックします。
♪ ドアをたたいても　へんじがない
ドアを開けます。
♪ ドアをあけても　なんにもない

7 黄色の色紙（たね）を入れます。
♪ でもね　まほうのたねをいれたら
「えい！」で指をさし、バナナがドアを向くように回します。

> 保育者 "でてこい　きいろいもの
> えいっ！ トントントーン"

8 ドアを開けて、バナナを見せます。
♪ バナナ！ ふしぎだね

> 出てこい
> 黄色いもの！
> えいっ！

> まほうのたねを
> 入れたら…

ドアにバナナが
くるように回します。

> 今度はバナナが
> 出てきたね

---

9 > 保育者 もっとほかのたねも入れてみよう。

ぶどうをドアに入れ、白い面がドアに向くようにします。
ドアを見せます。

10 **2** と同じに演じます。ドアをノックします。
♪ ドアをたたいても　へんじがない
ドアを開けます。
♪ ドアをあけても　なんにもない

11 紫色の色紙（たね）を入れます。
♪ でもね　まほうのたねをいれたら
「えいっ！」で指をさし、バナナがドアを向くように回します。

> 保育者 "でてこい　むらさきのもの
> えいっ！ トントントーン"

12 ドアを開けて、ぶどうを見せます。
♪ ぶどう！ ふしぎだね

> 保育者 やった！ 大好きなぶどうがでてきたー。

> 出てこい
> むらさきの
> もの！ えいっ！

> まほうのたねを
> 入れたら…

ドアにぶどうが
くるように回します。

> ぶどう

13 パフェをドアに入れ、
白い面がドアに向くようにします。
ドアを見せます。

保育者 そうだ、いろいろな色のたねを
一度に入れたらどうなるのかな？

14 **2**と同じに演じます。
ドアをノックします。

♫ ドアをたたいても　へんじがない

ドアを開けます。

♫ ドアをあけても　なんにもない

15 全部の色紙（たね）を入れます。

♫ でもね　まほうのたねをいれたら

「えいっ！」で指をさし、
パフェがドアを向くように回します。

保育者 “でてこい　いろいろな色のもの
　　　　えいっ！トントントーン”

なにが出てくるかな？

16 ドアを開けてパフェを見せます。

保育者 フルーツがたくさんのった
　　　　フルーツパフェになった！

♫ ふしぎだね

保育者 もっといろんな色のたねを入れてみたいね。
　　　　たねを探しに行ってきます。

まほうのたねを
入れたら…

出てこい
いろいろな色の
もの！
えいっ！

ドアにパフェが
くるように回します。

んー　パフェ
おいしい！

探しに
行ってきます

♫ **まほうのたね**

作詞・作曲：小沢かづと

作品の紙皿を作るときの、ベースになる型紙を作っておきましょう。

 紙皿の真ん中の
ライン用型紙

絵を紙皿の真ん中に貼るときの目安や、
真ん中に切りこみを入れるときに重ねて使います。
左右に印をつけておくと便利です。

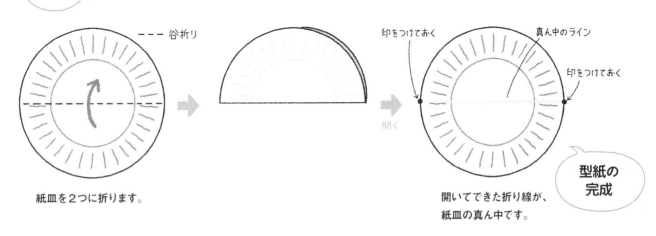

紙皿を2つに折ります。

開いてできた折り線が、
紙皿の真ん中です。

型紙の
完成

紙皿の中心用
型紙

紙皿の中心から外側に向かって
切りこみを入れるときに重ねて使います。

型紙の
完成

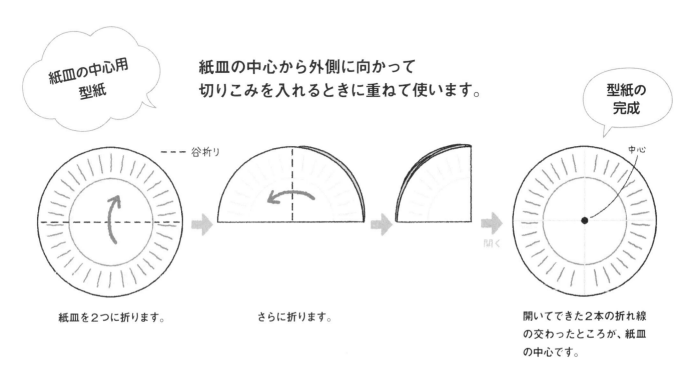

紙皿を2つに折ります。

さらに折ります。

開いてできた2本の折れ線
の交わったところが、紙皿
の中心です。

▶p8-10

お届けものでーす！

100%

宅急便の箱

※宅急便の箱は4枚あると便利です。

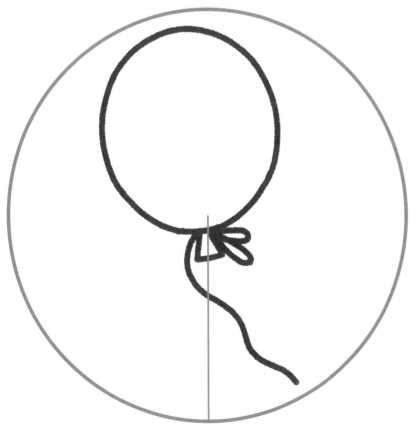

ふうせん

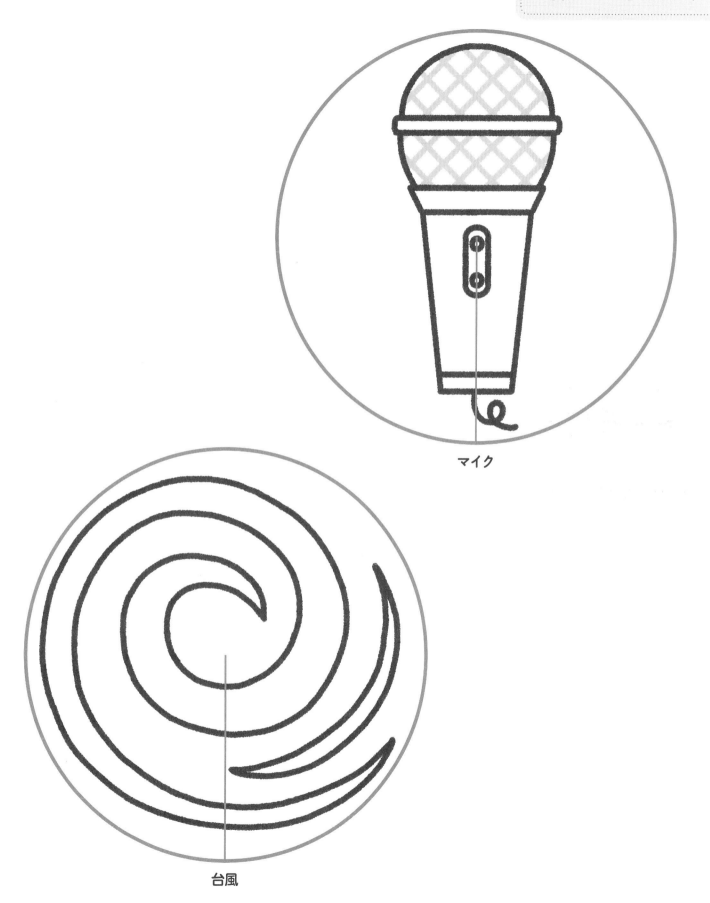

マイク

台風

▶ p8-10　お届けものでーす！
▶ p11-13　ルーレット屋さん

おばけ

▶ p11-13

ルーレット屋さん

`100%`

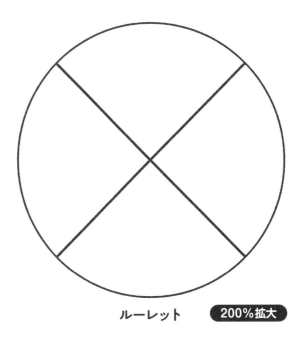

ルーレット　`200%拡大`

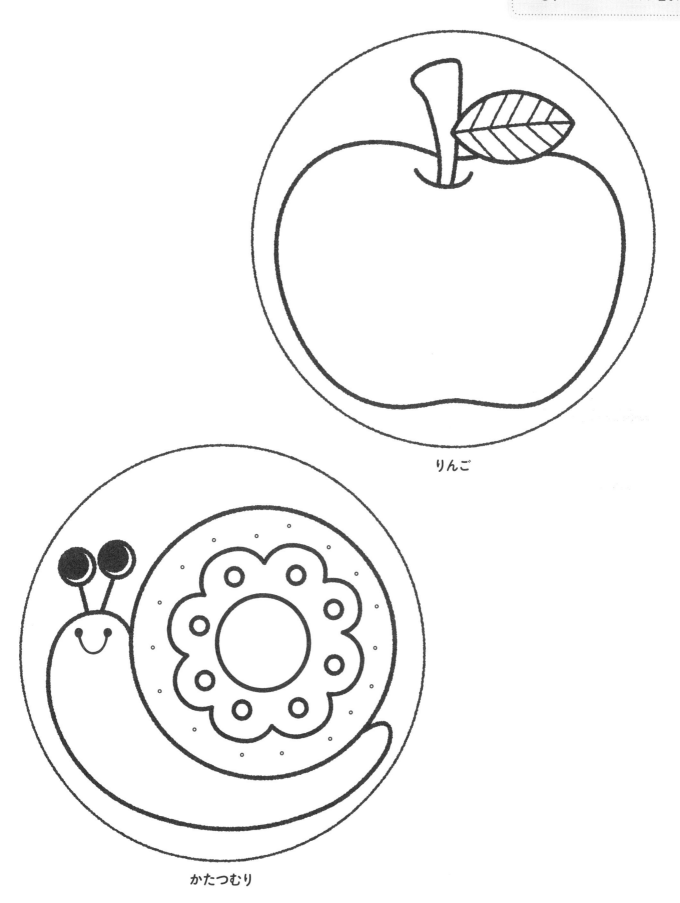

りんご

かたつむり

ぶどう

おばけ

▶ p14-17

はっけよーい

133％拡大

すもうとり①

すもうとり②

スプーン・フォーク①

スプーン・フォーク②

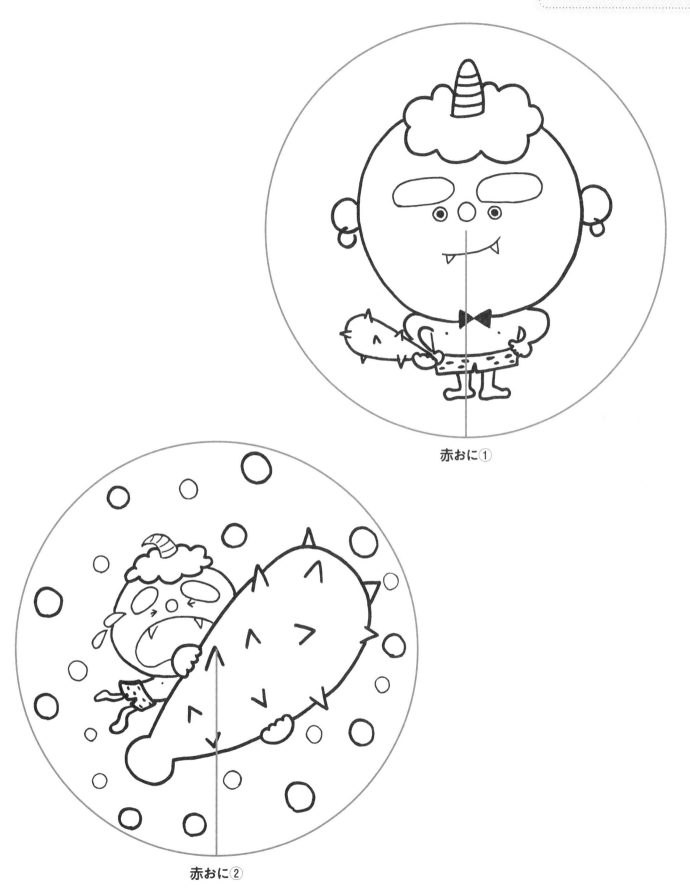

赤おに①

赤おに②

ライオン①

ライオン②

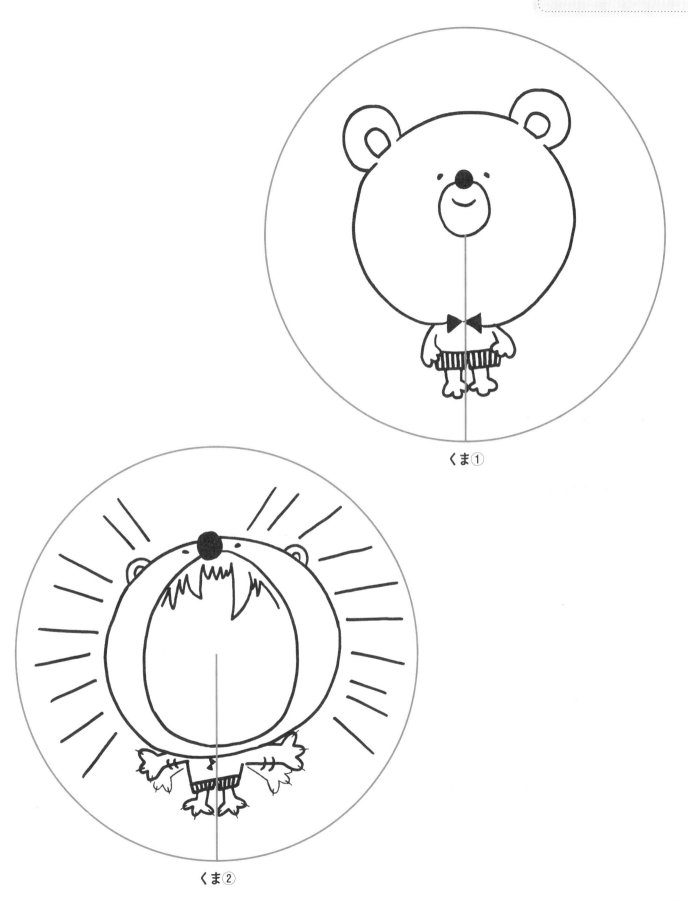

くま①

くま②

ライオン・くま①

ライオン・くま②

▶ p14-17　はっけよーい
▶ p18-21　まほうのレストラン

みんな

▶ p18-21

まほうのレストラン

100%

サラダ①

飲み物①　　　飲み物②　　　サラダ②

▶ p18-21　まほうのレストラン
▶ p22-24　つるをひいたら…？

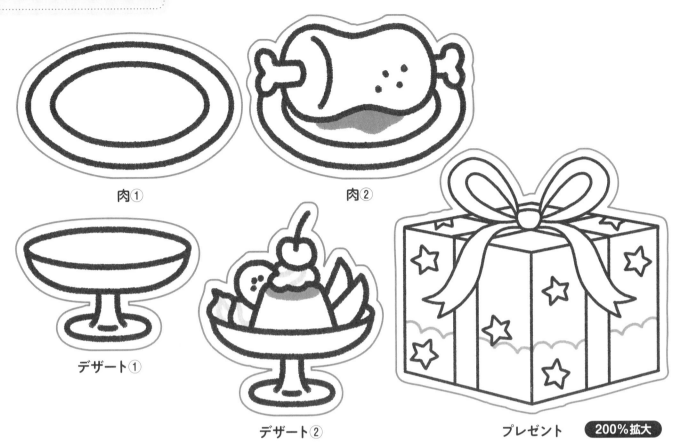

肉①　　　　肉②

デザート①

デザート②　　　　プレゼント　**200%拡大**

▶ p22-24

つるをひいたら…？

100%

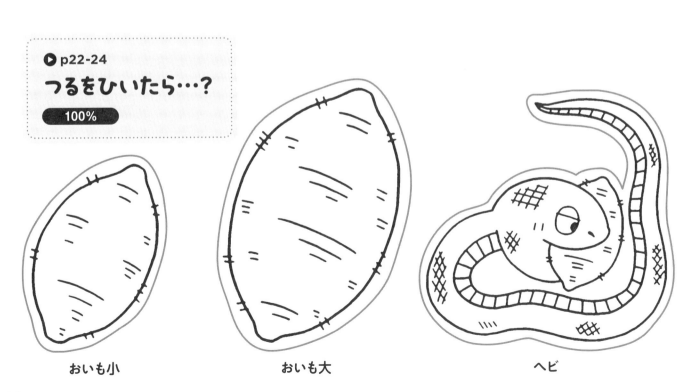

おいも小　　　　おいも大　　　　ヘビ

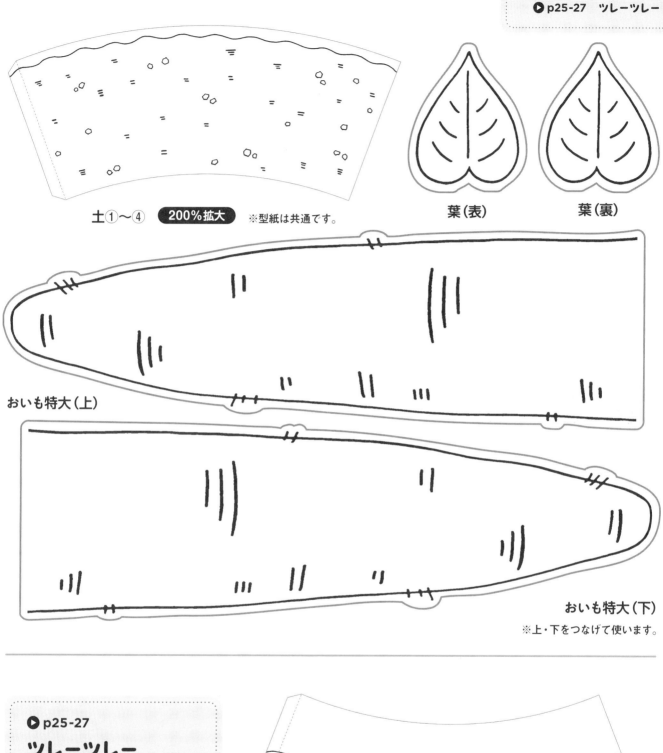

● p22-24　つるをひいたら…?
● p25-27　ツレーツレー

土①〜④　**200%拡大**　※型紙は共通です。

葉（表）　　　　　葉（裏）

おいも特大（上）

おいも特大（下）

※上・下をつなげて使います。

● p25-27

ツレーツレー

100%

海　**200%拡大**

● p25-27　ツレーツレー
● p28-30　くまのくいしんぼう

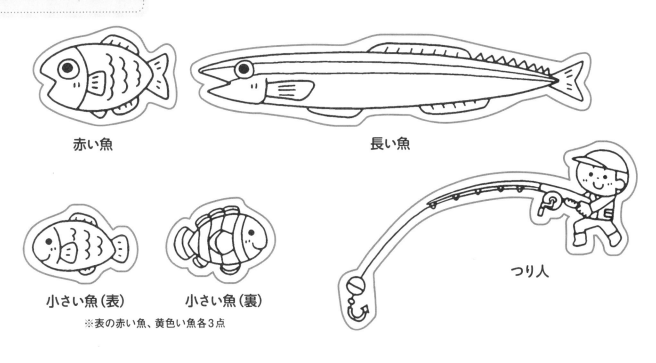

赤い魚

長い魚

小さい魚（表）

小さい魚（裏）

※表の赤い魚、黄色い魚各3点

つり人

● p28-30
くまのくいしんぼう
100%

うさぎ

きりん

くま

コアラ

▶ p28-30 くまのくいしんぼう
▶ p31-33 へんしんおばけのかくれんぼ

ケーキ

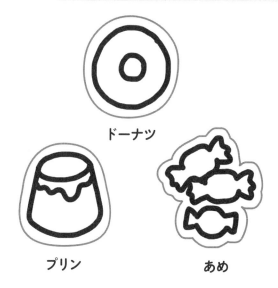

ドーナツ

プリン

あめ

▶ p31-33

へんしんおばけの
かくれんぼ

100%

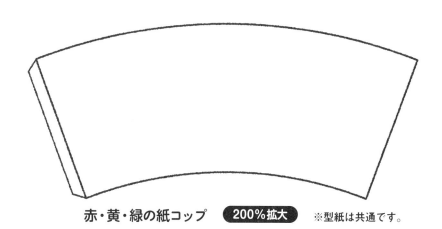

赤・黄・緑の紙コップ　200%拡大　※型紙は共通です。

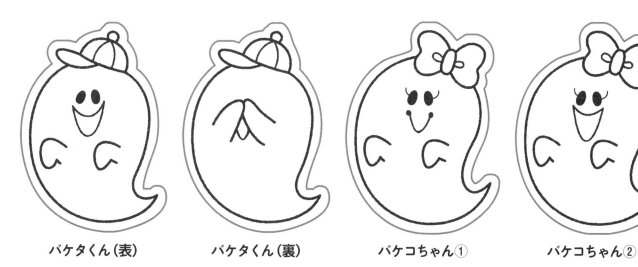

バケタくん (表)　　バケタくん (裏)　　バケコちゃん①　　バケコちゃん②

▶ p31-33 　へんしんおばけのかくれんぼ
▶ p34-36 　クルリスマス

トマト

トマトちゃん

トウモロコシちゃん

▶ p34-36
クルリスマス
100%

サンタ　　　　　　　　　ひげ

トナカイ　　　赤い鼻　　　もち　　　　　　袋

▶ p34-36　クルリスマス
▶ p37-39　まっくろ「は」恐竜トリケラくん

プレゼント　　　　　ダンボール　　　　　そり

▶ p37-39

まっくろ「は」
恐竜トリケラくん

100%

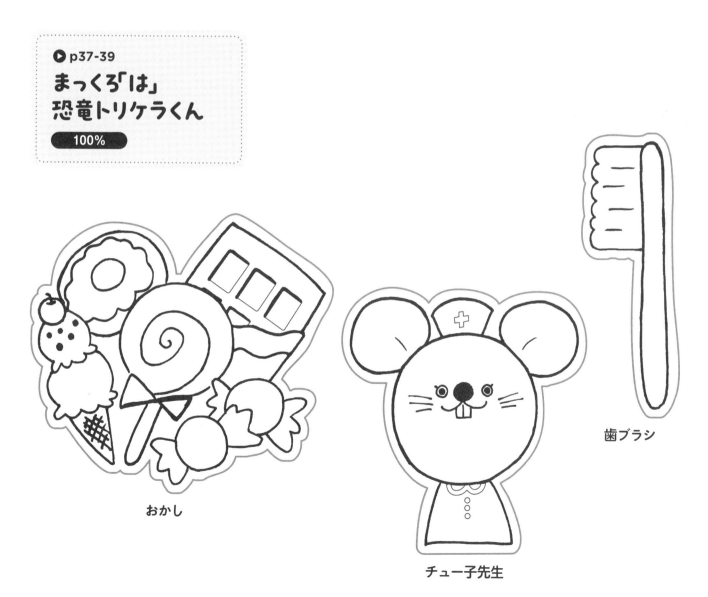

おかし　　　　　　　チュー子先生　　　　　歯ブラシ

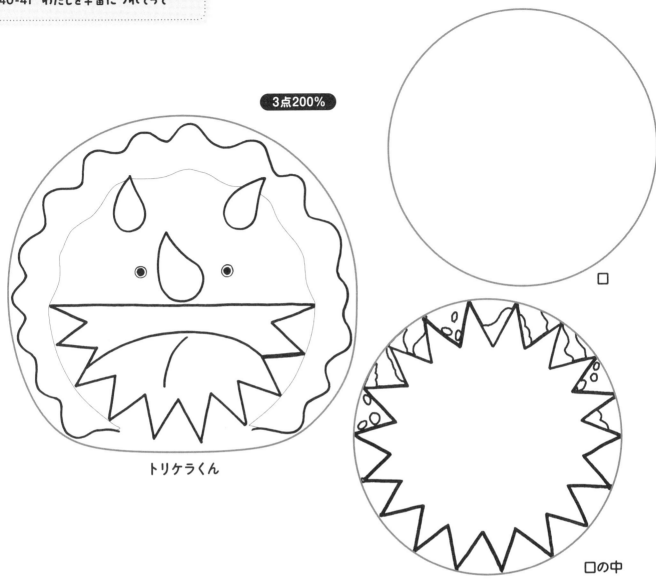

3点200%

トリケラくん

□

口の中

● p40-41

わたしを宇宙に
つれてって

100%

宇宙人

▶ p42-43

だれかな？
だれかな？

133%拡大

りんご・ぞうの頭

ぞうの体

ささのは・パンダの頭

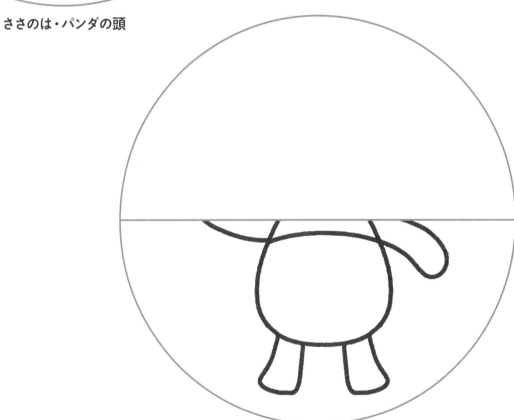

パンダの体

▶p42-43 だれかな? だれかな?

はっぱ・きりんの頭

きりんの体

バナナ・さるの頭

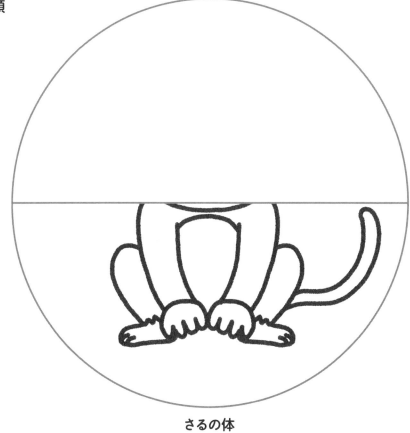

さるの体

▶ p44-45
よくみてあてて
200%拡大

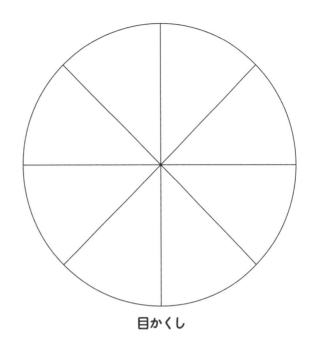

目かくし

▶ p47-49
だれだ？　なんだ？
どこだ？　クイズ
133%拡大

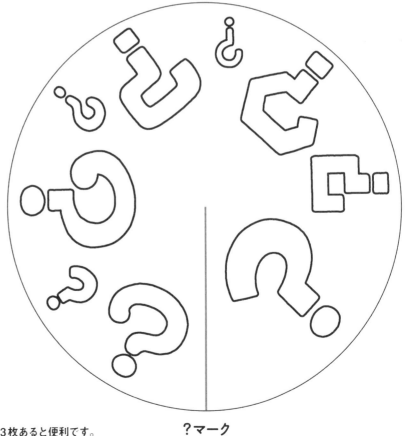

※？マークは3枚あると便利です。

？マーク

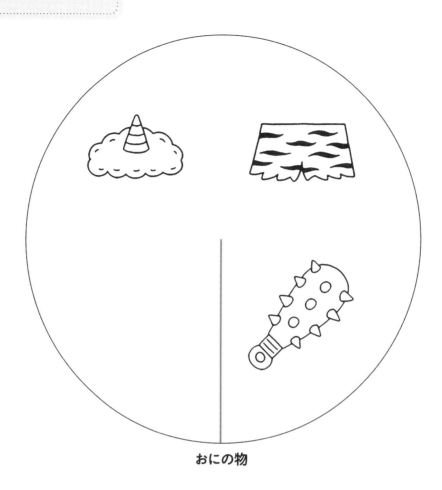

おにの物

おに

▶ p47-49　だれだ？ なんだ？ どこだ？ クイズ

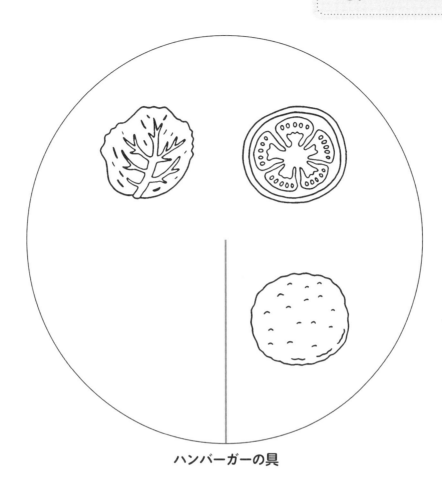

ハンバーガーの具

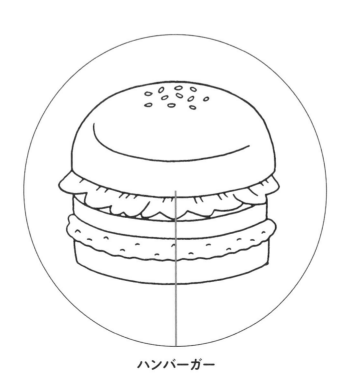

ハンバーガー

動物

動物園

● p50-52

クイズ!
なにかが!? クイズ

100%

りんご①、②
※型紙は共通です。

バナナ

?

もも

ぶどう

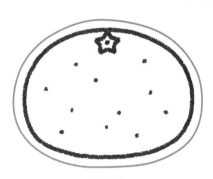

みかん

パイナップル

いちご

メロン

● p50-52　クイズ！なにかが!? クイズ
● p53-55　おにぎりころころ

すいか

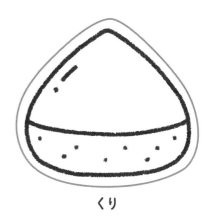

くり

● p53-55

おにぎりころころ

133%拡大

ねずみたち

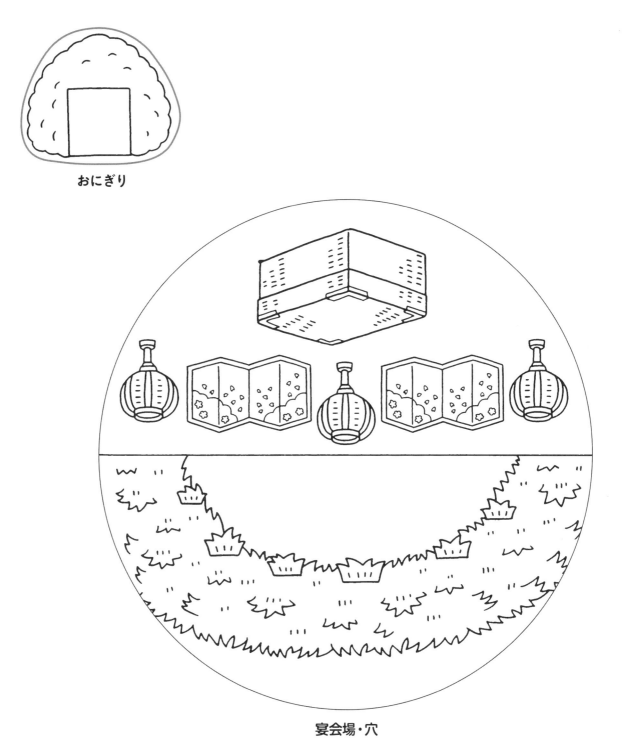

おにぎり

宴会場・穴

● p53-55　おにぎりころころ
● p55-57　ももたろうの冒険

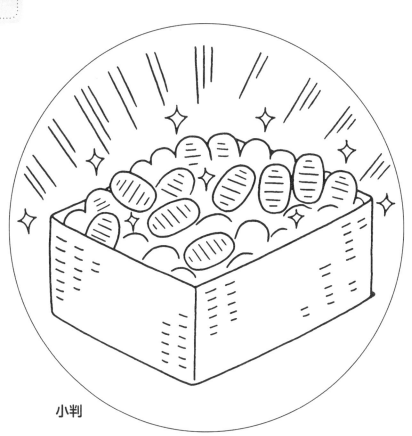

小判

● p55-57

ももたろうの冒険

133%拡大

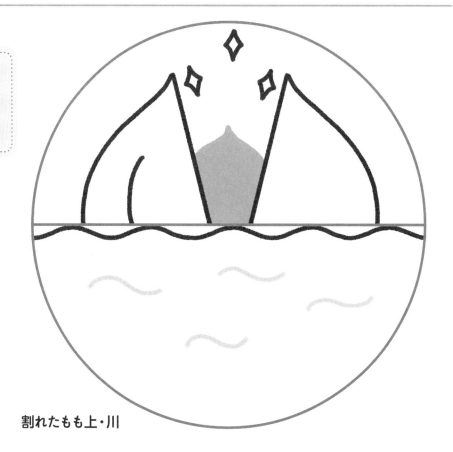

割れたもも上・川

もも・赤ちゃんの体

赤ちゃんの頭・ももたろうの体

ももたろうの頭・割れたもも下

キジの頭・さるの体

さるの頭・いぬの体

いぬの頭・鬼ヶ島下

- p55-57　ももたろうの冒険
- p58-61　3びきのこぶたとはらぺこオオカミ

鬼ヶ島上・キジの体

▶ p58-61

3びきのこぶたと
はらぺこオオカミ

100%

黄こぶた顔

緑こぶた顔

黄こぶた

緑こぶた

116

青こぶた顔

青こぶた

わら

わらの家

木の板

木の家

レンガ

レンガの家

オオカミ（表）

オオカミ（裏）

▶ p62-63
かぐやひめの恩返し
`100%`

竹①、②　`200%拡大`　※型紙は共通です。

かぐやひめ①

かぐやひめ②

おじいさん（表）

おじいさん（裏）

おばあさん（表）

おばあさん（裏）

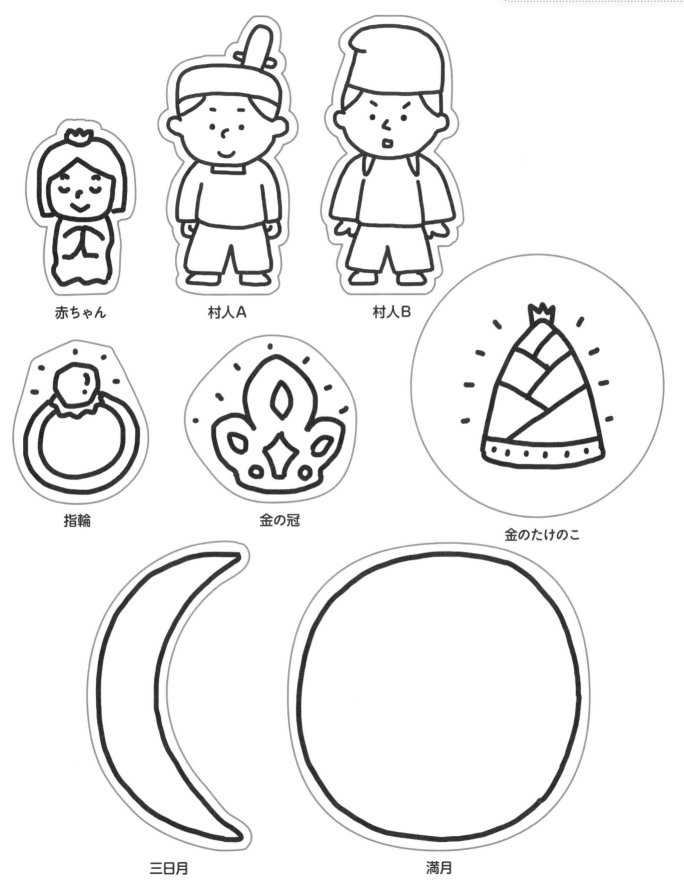

赤ちゃん　　　　村人A　　　　村人B

指輪　　　　　金の冠　　　　　金のたけのこ

三日月　　　　　　　　満月

▶ p65-68

おおきなかぶ
100%

おじいさん

おばあさん

まご

ねこ

いぬ

ねずみ

かぶのスープ

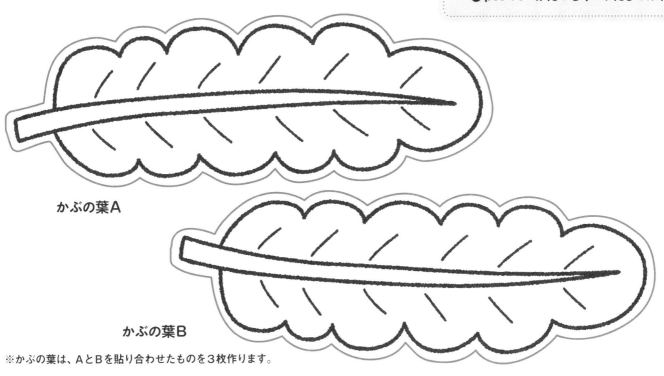

かぶの葉A

かぶの葉B

※かぶの葉は、AとBを貼り合わせたものを3枚作ります。

▶ p69-70

かたつむり 〜わたしのおうち〜

150%拡大

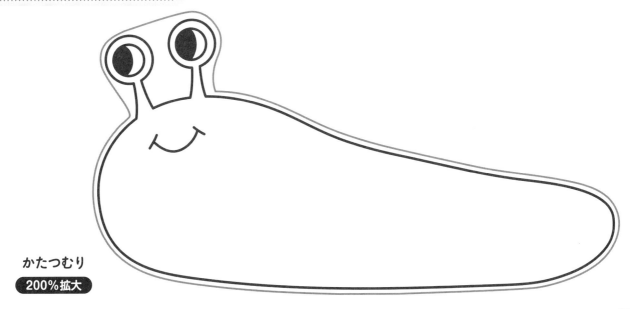

かたつむり

200%拡大

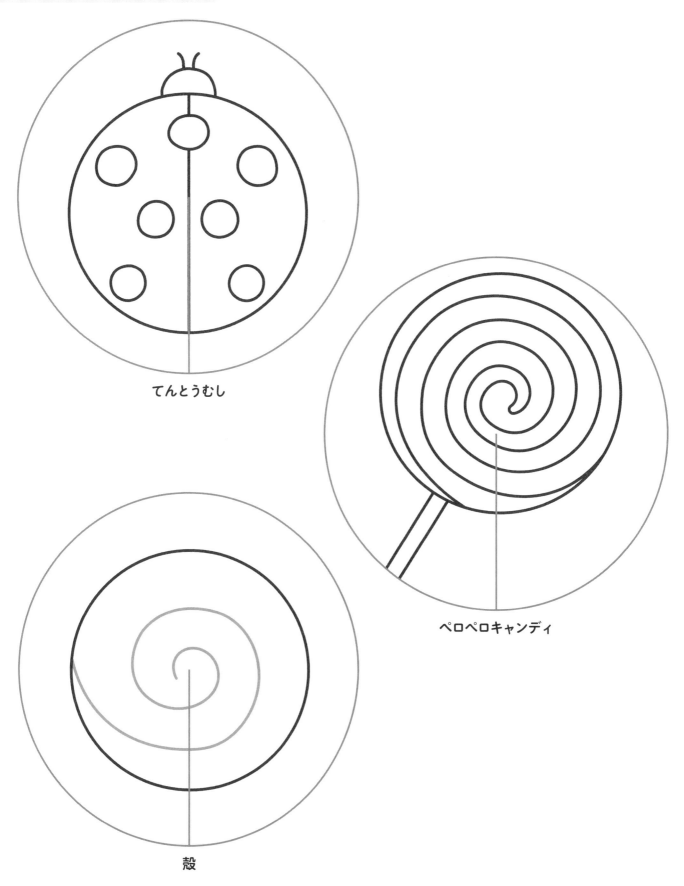

てんとうむし

ペロペロキャンディ

殻

▶ p71-72

おさかなバス

133%拡大

おさかなバス

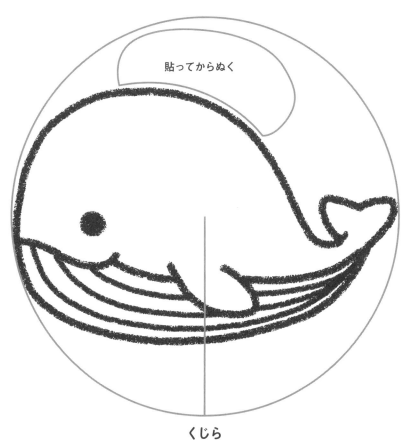

貼ってからぬく

くじら

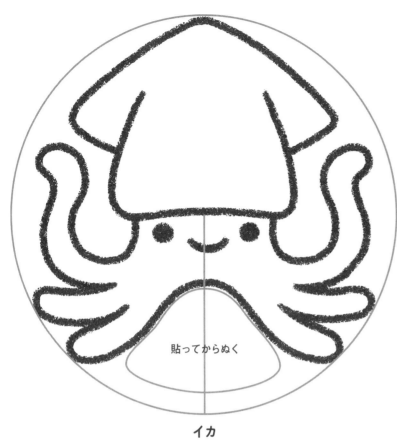

貼ってからぬく

イカ

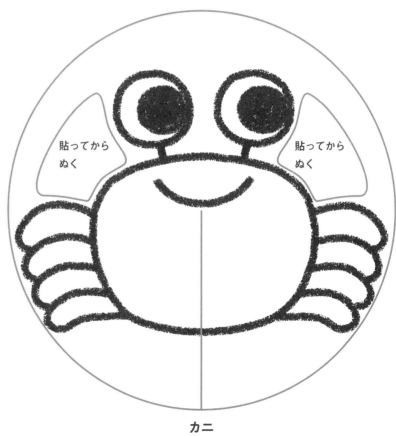

貼ってから
ぬく

貼ってから
ぬく

カニ

貼ってから
ぬく

貼ってから
ぬく

ペンギン

貼ってから
ぬく

タコ

● p73-75　なにかをみつけた
● p76-77　どんぐりころころ

● p73-75
なにかをみつけた
100%

※油性ペンなどでうつしとって使ってもOKです。

いぬ

つの
※裏は反転して使って下さい。

ねこ

ぬいてから貼る

たてがみ
※裏は反転して使って下さい。

くま

うさぎの耳
※裏は反転して使って下さい。

タコ

UFO下
※裏は反転して使って下さい。

イカ

ロケット下
※裏は反転して使って下さい。

● p76-77
どんぐりころころ
100%

どんぐり①、②
※型紙は共通です。

126

▶ p76-77　どんぐりころころ
▶ p78-80　まほうのたね

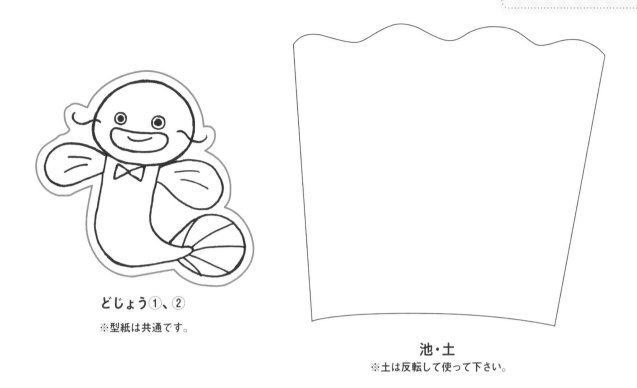

どじょう①、②
※型紙は共通です。

池・土
※土は反転して使って下さい。

▶ p78-80

まほうのたね
100%

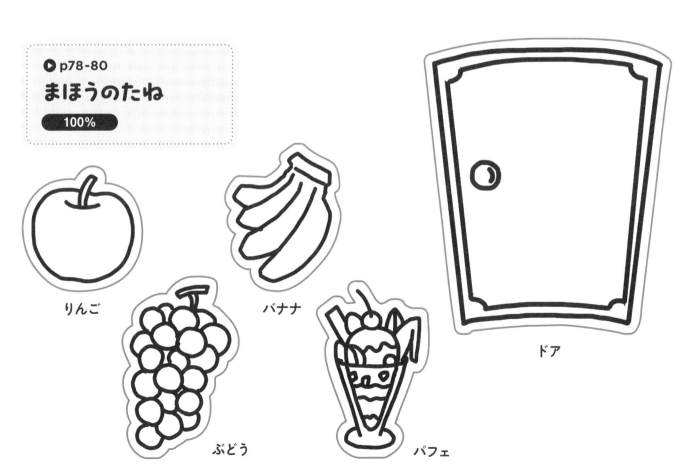

りんご

バナナ

ぶどう

パフェ

ドア

著者 小沢かづと（おざわ）

シンガーソングあそびライター。日本で初めて学生主体で子育て支援を企画、運営したメンバーのひとりでもある。全国内外であそびと歌のLIVEを実施、保育者対象の実技講習の講師も務める。また、保育雑誌への執筆、テレビやCMへあそびや楽曲の提供も行う。

シアター製作 makechan工房（メイクちゃんこうぼう）

学生のころから、フェルトや紙などでいろいろなものを作ることが好きで「make＝作る」chan工房を始める。主に手袋シアターを製作・販売。現在SNSで保育製作や家庭でも作ることができるおもちゃやシアターなど発信中。保育雑誌各社、レコード会社に衣装・装飾・小道具などを提案。

スタッフ

● デザイン
武田紗和（フレーズ）

● シアターイラスト
アキワシンヤ、あくざわめぐみ、ゼリービーンズ、たかしまよーこ、中山愛夕美、ニシハマカオリ、三角亜紀子

● 本文イラスト
わたいしおり

● モデル
浮田恵梨子、柴田 杏、真仲ひかり（株式会社シュルー）

● 動画出演
小沢かづと

● ヘアメイク
日高のぞみ、依田陽子

● 撮影・動画撮影・動画編集
山路歩夢

● 図版・DTP・データ作成
有限会社ゼスト

● 楽譜浄書
株式会社福田楽譜
齋藤のぞみ

● 編集協力
株式会社スリーシーズン

● 編集担当
柳沢裕子（ナツメ出版企画株式会社）

かんたん！ 楽しい！（たのしい）
紙皿＆紙コップのわくわくシアター（かみざら＆かみ）

2024年3月5日　初版発行

著 者　小沢かづと（おざわ）　　　　　　　©Ozawa kazuto, 2024
発行者　田村正隆

発行所　株式会社ナツメ社
　　　　東京都千代田区神田神保町1-52　ナツメ社ビル1F（〒101-0051）
　　　　電話　03-3291-1257（代表）
　　　　FAX　03-3291-5761
　　　　振替　00130-1-58661
制 作　ナツメ出版企画株式会社
　　　　東京都千代田区神田神保町1-52　ナツメ社ビル3F（〒101-0051）
　　　　電話　03-3295-3921（代表）
印刷所　図書印刷株式会社

ISBN978-4-8163-7495-1　　　　　　　　　　Printed in Japan

本書に関するお問い合わせは、書名・発行日・該当ページを明記の上、下記のいずれかの方法にてお送りください。電話でのお問い合わせはお受けしておりません。
・ナツメ社webサイトのお問い合わせフォーム
　https://www.natsume.co.jp/contact
・FAX（03-3291-1305）
・郵送（左記、ナツメ出版企画株式会社宛て）
なお、回答まで日にちをいただく場合があります。
正誤のお問い合わせ以外の書籍に関する解説・個別の相談は行っておりません。あらかじめご了承ください。

ナツメ社Webサイト
https://www.natsume.co.jp
書籍の最新情報（正誤情報を含む）はナツメ社Webサイトをご覧ください。